Johann Lafers Culinarium

GENUSS AUF ITALIENISCH

Sonderausgabe der Naumann & Göbel Verlagsgesellschaft mbH
in der VEMAG Verlags- und Medien Aktiengesellschaft, Köln

Redaktion: Roswitha Schneider
Art Director: Christian Talla
Layout: Heike Diem
Fotos: Richard Stradtmann
Rezepte: Johann Lafer, Johann Lafer's Stromburg
55442 Stromberg, Tel: 0 67 24/93 10-0
Fax: 0 67 24/93 10-90, Internet: www.johannlafer.de
E-Mail: stromburghotel@johannlafer.de
Studioküche: Walter Curman
»e&t«-Versuchsküche: Jürgen Büngener
Styling: Günther Meierdierks
Studio-Fotos: ZDF
Schlussredaktion: Karin Schanzenbach
Bildbearbeitung: Jutta Wolf
Projektleitung: Dr. Felix Friedlaender
Umschlaggestaltung: Naumann & Göbel
Gesamtherstellung: Naumann & Göbel Verlagsgesellschaft mbH, Köln

ISBN 3-625-10993-X

Johann Lafers Culinarium

GENUSS AUF ITALIENISCH

Das Buch zur ZDF-3sat-Serie mit Rezepten von Johann Lafer und der »essen &trinken«-Versuchsküche

essen & trinken

ANTIPASTI

PRIMI

Inhalt

2:50
Culinarium

Reges Treiben in den Kulissen des Fernsehstudios: Ob Johann Lafer mit kritischem Blick sein Kochergebnis betrachtet, der Kameramann letzte Hand an den gedeckten Tisch legt, Silvia Lafer den ausgesuchten Wein begutachtet oder alle sich eine abgedrehte Folge ansehen – immer ist höchste Konzentration gefragt.

Fünfundzwanzig Akteure vor und hinter der Kamera, dreißig Drehtage im Fernsehstudio in Guldental, fünfundsechzig von Johann Lafer kreierte Gerichte ergeben: dreißig Folgen „Genuss auf italienisch“ bei 3sat und im ZDF

Im Studio

NUDELMEISTER

Wenn Johann Lafer mit einer Assistentin vor der laufenden Kamera elegant den Nudelteig ausrollt, haben viele Helfer ihre Arbeit schon getan: Beleuchter setzten das richtige Licht, in der Studioküche wurden die Gerichte vorbereitet, und die Maskenbildnerin hat Lafers Stirn gepudert. Und wenn Lafer mit seiner Frau und einem Gast dann ganz entspannt am Tisch sitzt, sorgt die Kamerafrau für die richtige Einstellung.

Vorspeisen und Suppen

Vom einfachen (aber delikaten!) Pinzimonio bis zum raffinierten Artischockensalat, vom frittierten Gemüse bis zum Steinpilz-Carpaccio – Johann Lafer führt Sie in die Welt der kleinen Köstlichkeiten, die den Appetit anregen und die Vorfreude auf kommende Genüsse auf das Angenehmste steigern

Mediterraner Gemüsesalat mit Mozzarella

Für 4 Portionen:

Pesto
10 g Pinienkerne
1 Knoblauchzehe
30 g Basilikum
30 g frisch geriebener Parmesan
8–10 El Olivenöl
Salz, Pfeffer

Gemüsesalat
1 rote Paprikaschote (200 g)
1 gelbe Paprikaschote (200 g)
4 kleine rote Zwiebeln (ca. 150 g)
30 g Zucker
6–8 El Aceto balsamico
100 ml Rotwein
Salz, Pfeffer
1 kleine Knoblauchknolle (ca. 50 g)
1 Zucchini
1 Aubergine
1 Zweig Rosmarin
1 Zweig Zitronenthymian
4–6 El Olivenöl
250 g Mozzarella
4 El weißer Aceto balsamico
6 El Olivenöl mit Zitrone
1 Zweig Basilikum

1. Für den Pesto die Pinienkerne in einer Pfanne ohne Fett goldbraun rösten und auskühlen lassen. Knoblauch pellen und fein hacken. Basilikumblätter grob hacken. Pinienkerne, Knoblauch, Basilikum, Parmesan, Olivenöl, Salz und Pfeffer in einen Messbecher geben. Mit dem Schneidstab fein pürieren.

2. Für den Gemüsesalat die Paprika vierteln, entkernen und mit der Hautseite nach oben auf ein Backblech legen. Unter dem vorgeheizten Backofengrill auf der 3. Einschubleiste von unten 8–10 Minuten grillen, bis die Haut schwarze Blasen wirft. Ein nasses, kaltes Küchentuch darauf legen und die Paprika etwas abkühlen lassen. Dann die Haut abziehen und die Paprika schräg halbieren.

3. Die Zwiebeln pellen und längs halbieren. Den Zucker leicht karamellisieren lassen und die Zwiebeln mit der Schnittfläche in den Zucker setzen. Mit Aceto balsamico ablöschen, Rotwein auffüllen und bei mittlerer Hitze in 15–20 Minuten sirupartig einkochen lassen, bis die Zwiebeln gar sind. Salzen, pfeffern und auskühlen lassen.

4. Die Knoblauchknolle waagerecht halbieren. Zucchini und Aubergine waschen, die Enden abschneiden und in ½ cm dicke Scheiben schneiden. Rosmarinnadeln fein hacken. Vom Zitronenthymian die Blätter abzupfen. Das Olivenöl in einer Pfanne erhitzen und die Knoblauchknolle zugeben. Zucchini- und Auberginenscheiben zugeben und bei mittlerer Hitze von beiden Seiten goldbraun braten. Rosmarin und Thymian zugeben, salzen und pfeffern. Zucchini- und Auberginenscheiben ohne Knoblauch mit dem Paprika auf eine Platte geben.

5. Mozzarella in einem Sieb gut abtropfen lassen, trockentupfen, sechsteln und zum Gemüse geben. Die ausgekühlten Zwiebeln (mit Flüssigkeit) zugeben. Mit der Hälfte des Pestos, weißem Balsamico und Olivenöl mit Zitrone beträufeln. Basilikumblätter über den Salat streuen. Alles vorsichtig vermengen, mit dem restlichen Pesto beträufeln.

Dazu passt italienisches Weißbrot.

Zubereitungszeit: 1:30 Stunden
Pro Portion 19 g E, 81 g F, 16 g KH = 899 kcal (3776 kJ)

Steinpilze „al cartoccio"

Für 4 Portionen:

600 g Steinpilze
50 g Schalotten
2 Knoblauchzehen
100 g Staudensellerie
1 Zweig Rosmarin
2 Zweige Thymian
abgeriebene Schale von ½ Zitrone
Pfeffer
8 El Olivenöl mit Zitrone
Salz

1. Die Steinpilze putzen und in 4–5 cm große Stücke schneiden. Schalotten und Knoblauch pellen und in feine Scheiben schneiden. Den Staudensellerie putzen, die Fäden abziehen und den Sellerie schräg in 3–4 mm dünne Stücke schneiden. Rosmarinnadeln und Thymianblätter grob abzupfen.

2. Auf die Mitte von vier Pergamentblättern (50x38 cm) die Steinpilze mit Schalotten, Knoblauch und Staudensellerie gleichmäßig verteilen. Rosmarinnadeln und Thymianblätter über die Steinpilze streuen. Mit Zitronenschale und Pfeffer würzen. Jeweils 2 El Olivenöl über die Pilze träufeln.

3. Das Pergamentpapier gut verschließen und die Pilze im vorgeheizten Backofen auf der 2. Einschubleiste von unten bei 200 Grad 15–20 Minuten garen (Gas 3, Umluft 15 Minuten bei 180 Grad).

4. Die Pergamentpäckchen auf Tellern anrichten und erst am Tisch öffnen. Erst jetzt mit Salz würzen, da die Pilze sonst Wasser ziehen.

Dazu passt Ciabatta.

Zubereitungszeit: 1:10 Stunden
Pro Portion 6 g E, 20 g F, 2 g KH = 216 kcal (902 kJ)

Gefüllte Zucchini mit Kräuterhack

Für 4 Portionen:

100 g Schalotten
4 Knoblauchzehen
2 Zucchini (à 350–400 g)
2 Brötchen (vom Vortag)
150 ml Milch
6 El Olivenöl
70 ml Weißwein
500 g gemischtes Hackfleisch
2 Eier (Kl. M)
1 Thymianzweig
Salz, Pfeffer
1 Knoblauchknolle
40 g frisch geriebener Parmesan
4 El Zitronen-Olivenöl

1. Schalotten und Knoblauch pellen und fein würfeln. Zucchini waschen, längs halbieren und die Kerne herausschaben.

2. Brötchen in 1 cm große Würfel schneiden. Milch erwärmen, über die Brötchen gießen und gut einweichen lassen.

3. 4 El Olivenöl erhitzen. Schalotten und Knoblauch zugeben, 1–2 Minuten andünsten. Mit Wein ablöschen, bei mittlerer Hitze 3 Minuten köcheln lassen.

4. Hackfleisch in einer Schüssel mit Brötchen und Eiern vermengen. Schalotten, Knoblauch und abgezupfte Thymianblätter zugeben. Alles gut mischen, mit Salz und Pfeffer kräftig abschmecken.

5. Eine feuerfeste Form mit dem restlichen Olivenöl einstreichen. Knoblauch in ½ cm dicke Scheiben schneiden, in die Form legen und die Zucchini darauf setzen.

6. Die Hackmasse in einen Spritzbeutel geben und die Zucchini damit füllen. Parmesan darüber streuen und mit dem Olivenöl mit Zitrone beträufeln. Im vorgeheizten Backofen auf der 2. Einschubleiste von unten bei 180 Grad (Gas 2–3, Umluft 20–25 Minuten bei 160 Grad) 25–30 Minuten backen.

Zubereitungszeit: 1 Stunde
Pro Portion 37 g E, 56 g F, 24 g KH = 746 kcal (3130 kJ)

Gebackene Artischocken mit Ratatouille-Vinaigrette

Für 4 Portionen:

Saft von 1 Zitrone
12 kleine Artischocken (à 150 g)
100 g rote Zwiebeln
3 rote Paprikaschoten (à 160 g)
1 gelbe Paprikaschote (160 g)
1 kleine Aubergine
1 Zucchini
1 Zweig Rosmarin
2 Zweige Thymian
5 Zweige glatte Petersilie
300 ml passierte Tomaten
500 ml Olivenöl
Salz, Pfeffer
½ Knoblauchknolle
weißer Aceto balsamico

1. Zitronensaft mit ½ l kaltem Wasser mischen. Die Stiele der Artischocken bis auf 3 cm abschneiden und schälen. Die äußeren harten Blätter entfernen und die Artischockenspitze abschneiden. Artischocken sofort ins Zitronenwasser legen.

2. Für die Vinaigrette die Zwiebeln pellen und fein würfeln. Paprika vierteln und entkernen. Zwei rote Paprika grob würfeln und beiseite stellen. Die restlichen Paprika in 3–4 mm große Würfel schneiden. Von der Aubergine und Zucchini die Schale längs 3–4 mm dünn abschneiden und in 3–4 mm dicke Würfel schneiden (den Rest anderweitig verwenden). Die Rosmarinnadeln und Thymianblätter grob hacken. Petersilienblätter fein hacken.

3. Die grob gewürfelte rote Paprika mit den Tomaten in ein hohes Gefäß geben und mit dem Schneidstab fein pürieren. Durch ein feines Sieb in einen Topf streichen und auf die Hälfte einkochen lassen. 20 ml Olivenöl in einer Pfanne erhitzen. Die Zwiebeln andünsten, Paprika, Aubergine, Zucchini, Rosmarin und Thymian zugeben und bei starker Hitze 1–2 Minuten andünsten. Die Tomaten-Paprika-Sauce zugeben und 2 Minuten köcheln lassen, dann die Petersilie zugeben. Mit Salz und Pfeffer würzen und beiseite stellen.

4. Die Artischocken gut abtropfen lassen. Mit dem Stiel nach oben jeweils 6 Artischocken mit der Knoblauchknolle in eine große Pfanne setzen. Das restliche Olivenöl angießen und erhitzen. Mit Alufolie abdecken und mit einer Pfanne beschweren, damit sich die Blätter während des Garens wie bei einer Chrysanthemenblüte weit auffächern. Bei kleiner Hitze in 15–20 Minuten goldbraun ausbacken. Danach wenden und weitere 5 Minuten garen. Mit Salz und Pfeffer würzen und auf Küchenpapier abtropfen lassen. Die restlichen Artischocken ebenso zubereiten.

5. Ratatouille erhitzen und mit den Artischocken servieren. Artischocken mit Balsamico besprühen.

Zubereitungszeit: 2 Stunden
Pro Portion 18 g E, 16 g F, 30 g KH = 349 kcal (1464 kJ)

Thunfisch-Carpaccio mit Thunfisch-Tatar und Thymian-Vinaigrette

Für 4 Portionen:

Kartoffelchips
2 mittelgroße fest kochende Kartoffeln
Salz

Thunfisch-Tatar
200 g frisches Thunfischfilet (küchenfertig)
1 Schalotte (ca. 30 g)
1 Limette
3 Zweige glatte Petersilie
1 El Sojasauce
3 El Olivenöl mit Zitrone
Salz, Pfeffer

Thymian-Vinaigrette
1 Schalotte (ca. 30 g)
1 Knoblauchzehe
1 El Honig
3 Zweige Thymian
3 El weißer Aceto balsamico
Salz, Pfeffer
½ El scharfer Senf
4 El Olivenöl

Thunfisch-Carpaccio
3 Zweige glatte Petersilie
10 g Kerbel
1 Bund Schnittlauch
4 El Olivenöl mit Zitrone
Salz, Pfeffer
4 Scheiben Thunfischfilet (à 50 g, küchenfertig)
4 kleine Strauchtomaten
50 g bunte Blattsalate (geputzt)

1. Für die Kartoffelchips die Kartoffeln gründlich waschen und in 1–2 mm dünne Scheiben schneiden. Die Kartoffeln auf ein mit Backpapier belegtes Backblech legen, ein weiteres Stück Backpapier darauf legen und mit einem zweiten Backblech beschweren. Im vorgeheizten Backofen auf der 2. Einschubleiste von unten bei 180 Grad (Gas 2–3, Umluft 160 Grad) in 10–15 Minuten goldbraun backen. Leicht salzen und abkühlen lassen.

2. Für das Tatar das Filet in 2–3 mm große Würfel schneiden und in eine Schüssel geben. Schalotte pellen und fein würfeln. Die Hälfte der Limettenschale fein abreiben und ½ Limette auspressen. Petersilienblätter fein hacken. Schalotte, Limettenschale und -saft, Petersilie, Sojasauce und Olivenöl erst kurz vor dem Servieren zum Thunfischfilet geben und gut mischen. Mit Salz und Pfeffer abschmecken.

3. Für die Vinaigrette Schalotte und Knoblauch pellen und fein würfeln. Den Honig erhitzen und Schalotte und Knoblauch darin kurz glasieren. Thymianzweige zugeben und mit Aceto balsamico ablöschen. Mit Salz und Pfeffer würzen. Den Senf zugeben, glatt rühren und 10 Minuten ziehen lassen. Den Thymian entfernen. Das Olivenöl unter ständigem Rühren in dünnem Strahl dazugießen, bis eine sämige Konsistenz entsteht. Abkühlen lassen.

4. In der Zwischenzeit für das Carpaccio die Petersilien- und Kerbelblätter abzupfen (8 Blätter beiseite legen) und fein hacken. Schnittlauch in feine Röllchen schneiden. Die Hälfte der fein gehackten Kräuter mit 2 El Olivenöl, Salz und Pfeffer auf Klarsichtfolie (45x70 cm) gleichmäßig verteilen. Die Fischfiletscheiben nebeneinander im Abstand von 5 cm darauf legen. Thunfischscheiben gleichmäßig mit den restlichen gehackten Kräutern, etwas Salz und Pfeffer bestreuen. Mit dem restlichen Olivenöl gleichmäßig beträufeln. Mit Klarsichtfolie (45x70 cm) bedecken und auf 2–3 mm flach klopfen.

5. Die Tomaten waschen, vierteln und mit dem Blattsalat und jeweils 1 Scheibe Thunfischfilet auf flachen Tellern anrichten. Die Thunfischscheiben mit der Vinaigrette dünn bestreichen. Aus dem Tatar mit 2 Esslöffeln 4 Nocken formen und auf die Thunfischscheiben setzen. Mit Kartoffelchips und Kerbelblättern garnieren und sofort servieren.

Zubereitungszeit: 1:40 Stunden
Pro Portion 24 g E, 49 g F, 13 g KH = 602 kcal (2526 kJ)

Gebratene Steinpilze

Für 4 Portionen:

700 g Steinpilze
1 Schalotte
1 Knoblauchzehe
5 Zweige glatte Petersilie
6 El Olivenöl
1 El Butter
Salz, Pfeffer
Schale und Saft von ½ Zitrone

1. Die Steinpilze putzen und in ½ cm dicke Scheiben schneiden. Die Schalotte pellen und fein würfeln. Knoblauch pellen und fein hacken. Petersilienblätter abzupfen und fein hacken.

2. Das Öl in 2 Pfannen erhitzen. Pilze zugeben und bei starker Hitze anbraten. Dann die Butter zugeben und die Pilze von beiden Seiten goldbraun braten. Schalotten und Knoblauch zugeben und ohne Farbe kurz mitbraten. Mit Salz, Pfeffer, Zitronensaft und Zitronenschale abschmecken. Die Petersilie zugeben.

Dazu passt Ciabatta.

Zubereitungszeit: 50 Minuten
Pro Portion 7 g E, 21 g F, 3 g KH = 225 kcal (940 kJ)

Torta pasqualina

Für 8 Portionen:

500 g Mehl
Salz
90 ml Olivenöl
etwas Mehl zum Bearbeiten
1 Brötchen
100 ml Milch
1 kg Blattspinat
500 g Ricotta
8 Eier (Kl. M)
1 Eigelb (Kl. M)
3 Zweige Majoran
100 g frisch geriebener Parmesan
Pfeffer
50 g Butter

1. Für den Teig das Mehl mit ½ Tl Salz, 30 ml Olivenöl und 220 ml kaltem Wasser mit den Knethaken der Küchenmaschine in 6–8 Minuten zu einem elastischen, glatten Teig kneten. Zu einer Rolle formen, in 12 gleich große Stücke schneiden und zu glatten Kugeln formen. Die Kugeln auf ein bemehltes Blech legen, mit einem leicht feuchten Küchentuch abdecken und 1 Stunde ruhen lassen.

2. In der Zwischenzeit für die Füllung die Rinde vom Brötchen dünn abschneiden, das Brötchen in 1 cm große Würfel schneiden und in eine Schüssel geben. Die Milch erwärmen und über die Brötchenwürfel geben. Den Spinat putzen, waschen, in Salzwasser blanchieren, abschrecken, gut ausdrücken, fein hacken und in die Schüssel geben. Den Ricotta in einem Küchentuch ausdrücken und mit 2 Eiern, Eigelb, abgezupften Majoranblättern und 40 g Parmesan in die Schüssel geben. Alles gut mit einem Holzlöffel zu einer glatten Masse vermengen und mit Salz und Pfeffer abschmecken. Beiseite stellen.

3. Eine Springform (26 cm Ø) dünn mit Olivenöl auspinseln. 1 Teigkugel auf einer bemehlten Arbeitsfläche so dünn wie möglich ausrollen. Vorsichtig mit den Händen in alle Richtungen wie einen Strudelteig hauchdünn ausziehen. Die Teigplatte über die Springform legen, die Ränder etwa 2–3 cm über den Springformrand hängen lassen. Teigplatte mit etwas Olivenöl dünn bestreichen. Mit 5 weiteren Teigkugeln ebenso verfahren. Dabei die sechste Teigplatte nicht mit Olivenöl bestreichen.

4. Die Füllung gleichmäßig auf dem Teig verteilen. Mit einem Esslöffel 6 gleichmäßige Vertiefungen in die Füllung drücken. Jeweils ½ Tl Butter in die Vertiefungen geben und jeweils 1 Ei vorsichtig hineinschlagen; dabei darauf achten, dass das Eigelb ganz bleibt. Die Eier mit Salz und Pfeffer bestreuen. Die Füllung mit dem restlichen Parmesan bestreuen.

5. Die restlichen Teigkugeln dünn ausrollen und mit den Händen hauchdünn ausziehen. Mit Olivenöl dünn bestreichen, übereinander legen und leicht andrücken. Aus den übereinander gelegten Teigplatten einen Deckel mit 26 cm Ø ausschneiden und auf die Füllung legen. Entlang dem Innenrand der Springform den Teig mit der restlichen Butter in Stückchen belegen. Den über die Springform hinaushängenden Teigrand des unteren Teigbodens nach innen einschlagen. Tortendecke dünn mit Olivenöl einpinseln. Vorsichtig mit der Gabel einige Löcher in die Tortendecke stechen. Im vorgeheizten Backofen auf der 2. Einschubleiste von unten bei 190 Grad (Gas 2–3, Umluft 160 Grad) 1 Stunde, 30 Minuten backen. In der Form auskühlen lassen. Die Torte lauwarm oder, noch besser, kalt servieren.

Zubereitungszeit:
3:20 Stunden (plus Auskühlzeit)
Pro Portion 28 g E, 38 g F, 48 g KH = 644 kcal (2703 kJ)

Gebackene Steinpilze mit Kräuter-Zabaione

Für 4 Portionen:

600 g feste Steinpilze
1 Schalotte
2 Knoblauchzehen
9 g getrocknete Steinpilze
130 ml Weißwein
100 ml Gemüsefond
Salz, Pfeffer
1 Zitrone
100 g Mehl
6 Eier (Kl. M)
100 g Semmelbrösel
700 ml Olivenöl
5 Zweige glatte Petersilie

1. Die Steinpilze putzen und längs halbieren, größere Steinpilze längs vierteln. Abschnitte beiseite stellen. Schalotte und Knoblauch mit der Schale längs halbieren.

2. Die getrockneten Steinpilze mit den Steinpilzabschnitten, Schalotte, Knoblauch, 100 ml Weißwein und Gemüsefond aufkochen. Mit Salz und Pfeffer würzen und bei kleiner Hitze 10–15 Minuten leise kochen lassen. Dann den Steinpilzfond durch einen Papierfilter (Kaffeefilter) in eine Schüssel passieren (ca. 100 ml).

3. Die Zitrone auspressen und die frischen Steinpilze mit dem Saft beträufeln. Steinpilze mit Pfeffer würzen und portionsweise im Mehl wenden. 4 Eier verquirlen, die Steinpilze darin wenden, etwas abtropfen lassen und in den Semmelbröseln wälzen. 650 ml Olivenöl auf 160–170 Grad erhitzen.

4. In der Zwischenzeit für die Zabaione die restlichen Eier mit 100 ml Steinpilzfond und dem restlichen Weißwein über dem heißen Wasserbad in 4–5 Minuten cremig-dicklich aufschlagen. Mit Salz und Pfeffer würzen. Von der Herdplatte nehmen, weiterschlagen und das restliche Olivenöl langsam im dünnen Strahl einlaufen lassen und unterrühren. Die Petersilienblätter abzupfen, grob hacken und unter die Zabaione rühren. Zabaione beiseite stellen und warm halten.

5. Die panierten Steinpilze im heißen Olivenöl portionsweise in 2–3 Minuten goldgelb ausbacken und auf Küchenpapier abtropfen lassen. Die Zabaione in eine Schüssel füllen und mit den Steinpilzen servieren.

Zubereitungszeit: **1:20 Stunden**
Pro Portion 17 g E, 40 g F, 22 g KH = 520 kcal (2178 kJ)

Roh marinierter Artischockensalat mit gebratenem Zanderfilet

Für 4 Portionen:

3 mittelgroße Tomaten (200 g)
Saft von 1 Zitrone
4 große Artischocken (à ca. 400 g)
3 Schalotten (ca. 100 g)
½ Knoblauchknolle (längs halbiert)
3 Zweige Thymian
8 Zweige glatte Petersilie
140 ml Olivenöl
30 ml weißer Portwein
70 ml Geflügelfond
30 ml weißer Aceto balsamico
40 g Sardellenfilets
Salz, Pfeffer
4 große Blätter Römersalat
600 g Zanderfilet (mit Haut, geschuppt und entgrätet)
1 Zweig Rosmarin
20 g Butter
2 Zweige Kerbel

1. Die Tomaten blanchieren, abschrecken, häuten, längs vierteln und entkernen. Den Zitronensaft mit ½ l kaltem Wasser verrühren.

2. Von den Artischocken die Stiele am Bodenansatz abbrechen. Mit einem scharfen Sägemesser die äußeren harten Blätter rundherum vom Bodenrand, bis der zarte Boden sichtbar wird, abschneiden. Dann die verbliebenen inneren Blätter knapp über dem Boden abschneiden. Die am Boden verbliebenen Blattansätze mit einem kleinen scharfen Küchenmesser abschneiden. Das ungenießbare Heu mit einem Esslöffel aus dem Boden schaben. Die Artischockenböden sofort in das Zitronenwasser legen.

3. Für die Marinade 2 Schalotten pellen und in feine Würfel schneiden. Vom Knoblauch 2 Zehen ablösen, pellen und fein hacken. Von 1 Thymianzweig die Blätter abstreifen. Petersilienblätter abzupfen und fein hacken. 20 ml Olivenöl erhitzen. Schalotten- und Knoblauchwürfel darin andünsten, mit Portwein und Fond ablöschen, auf ⅓ einkochen lassen. Thymianblätter und die Hälfte der Petersilie zugeben und die Marinade leicht abkühlen lassen.

4. Artischockenböden mit einem Gemüsehobel in dünnen Scheiben in die Marinade hobeln und gut vermengen.

5. 90 ml Olivenöl mit Aceto balsamico und Sardellen in ein hohes schmales Gefäß geben und mit dem Schneidstab fein pürieren. Mit den Tomaten zu den Artischocken geben und gut vermengen. Mit Salz und Pfeffer abschmecken.

6. Salat waschen und abtropfen lassen. Zanderfilet in 8 gleich große Stücke schneiden und die Hautseite mit einem scharfen Küchenmesser 2–3-mal dünn einschneiden.

7. Restliche Schalotte mit Schale halbieren. Das restliche Olivenöl in einer großen Pfanne erhitzen. Schalotte, Knoblauchknolle, restliche Thymianzweige und Rosmarin zugeben. Zanderfilets darin auf der Fleischseite kurz anbraten, wenden und bei mittlerer Hitze auf der Hautseite in 2–3 Minuten kross fertig braten. Die Butter mit der restlichen Petersilie zugeben. Mit Salz und Pfeffer würzen.

8. Jeweils 1 Salatblatt auf einen Teller legen und den Artischockensalat darauf verteilen. Auf den Artischockensalat jeweils 2 Zanderfilets setzen und mit abgezupften Kerbelblättern garnieren. Sofort servieren.

Zubereitungszeit: 1:10 Stunden
Pro Portion 39 g E, 44 g F, 11 g KH = 619 kcal (2598 kJ)

Frittiertes Gemüse mit Kräuter-Zabaione

Für 4 Portionen:

Gemüse
150 g Mini-Maiskölbchen
150 g Blumenkohl
150 g Broccoli
1 rote Paprikaschote (150 g)
1 gelbe Paprikaschote (150 g)
150 g Zucchini
150 g Austernpilze
Salz

Kräuter-Zabaione
50 g Schalotten
6 weiße Pfefferkörner
1 Lorbeerblatt
5 Zweige Thymian
1 Zweig Rosmarin
2 Zweige Estragon
100 ml Weißwein
3 Eigelb (Kl. M)
1 Ei (Kl. M)
150 ml Olivenöl
Salz, Pfeffer
Saft von ½ Zitrone
Zucker

Backteig
250 g Mehl
150 g Speisestärke
2 Eigelb (Kl. M)
Salz, Pfeffer
30 g frisch geriebener Parmesan
Öl zum Ausbacken

1. Die Maiskölbchen putzen. Blumenkohl und Broccoli putzen und in Röschen zerteilen. Paprika mit dem Sparschäler schälen, vierteln, entkernen und in 4–5 cm große Stücke schneiden. Zucchini putzen und in ½ cm dicke Scheiben schneiden. Austernpilze putzen und große halbieren. Maiskölbchen, Blumenkohl und Broccoli nacheinander in reichlich kochendem Salzwasser 1 Minute blanchieren, abschrecken, abtropfen lassen und gut trockentupfen.

2. Für die Kräuter-Zabaione die Schalotten pellen und fein würfeln. Schalotten, Pfefferkörner und Kräuter mit dem Weißwein 5 Minuten bei mittlerer Hitze einkochen lassen. 10 Minuten ziehen lassen und durch ein Sieb in einen Schneekessel gießen. Mit Eigelb und Ei über dem heißen Wasserbad in 5–6 Minuten cremig-dicklich aufschlagen. Von der Kochstelle nehmen, weiterschlagen und das Olivenöl langsam im dünnen Strahl einlaufen lassen und unterrühren. Mit Salz, Pfeffer, Zitronensaft und 1 Prise Zucker abschmecken. Warm stellen.

3. Für den Backteig 150 g Mehl, Stärke, Eigelb und 250 ml eiskaltes Wasser mit dem Schneidstab zu einem glatten Teig verarbeiten. Mit Salz und Pfeffer abschmecken und den Parmesan unterheben. Das Öl auf 160 Grad erhitzen. Das Gemüse im restlichen Mehl wälzen und überschüssiges Mehl abklopfen. Gemüse in den Backteig tauchen, leicht abtropfen lassen und im heißen Öl portionsweise goldgelb ausbacken. Auf Küchenpapier abtropfen lassen und auf einer vorgewärmten Platte anrichten. Mit der Kräuter-Zabaione servieren.

Tipp: Johann Lafer verwendet für die Zabaione einen iSi Profi Whip, mit dem sie besonders luftig und cremig wird: Die warme Zabaione ¾ hoch einfüllen, 2 Sahnekapseln aufschrauben und im Wasserbad (ca. 60 Grad) bis zum Servieren warm halten.

Zubereitungszeit: 2 Stunden
Pro Portion 21 g E, 50 g F, 90 g KH = 910 kcal (3821 kJ)

Carpaccio von Steinpilzen

Für 4 Portionen:

400 g Steinpilze
40 g Schalotten
1 rote Chilischote
1 Zitrone
4 El Olivenöl mit Zitrone
Saft von ½ Zitrone
50 ml Weißwein
Salz, Pfeffer
5 Zweige glatte Petersilie
½ Bund Schnittlauch
50 g Blattsalat (geputzt)
2 Zweige Kerbel

1. Die Steinpilze sorgfältig putzen und längs in sehr dünne Scheiben schneiden. Die Schalotten pellen und in feine Würfel schneiden. Chilischote längs halbieren, entkernen und in feine Würfel schneiden.

2. Die Hälfte der Zitronenschale abreiben und beiseite stellen. Dann die restliche Schale bis auf das Fruchtfleisch abschneiden. Die Zitronenfilets zwischen den Trennhäuten herausschneiden und in ½ cm große Würfel schneiden.

3. Die Steinpilzscheiben kreisförmig auf warmen, flachen Tellern anrichten.

4. Das Olivenöl erhitzen und die Schalotten darin anschwitzen. Die Chiliwürfel zugeben und mit Zitronensaft und Weißwein auffüllen. Mit der abgeriebenen Zitronenschale, Salz und Pfeffer würzen. Zitronenwürfel zugeben und die heiße Marinade mit einem Esslöffel dünn über den Pilzen verteilen.

5. Petersilienblätter abzupfen und fein hacken. Schnittlauch in feine Röllchen schneiden. Pilze mit den Kräutern bestreuen. Mit Blattsalat und abgezupften Kerbelblättern garnieren.

Dazu passt Ciabatta.

Zubereitungszeit: **1 Stunde**
Pro Portion 2 g E, 10 g F, 4 g KH = 125 kcal (524 kJ)

Peperonata mit geröstetem Ciabatta

Für 4 Portionen:

2 rote Paprikaschoten (300 g)
2 gelbe Paprikaschoten (300 g)
100 g Schalotten
6 Knoblauchzehen
8 El Olivenöl
1 El Puderzucker
5–6 El Aceto balsamico
200 ml Rotwein
2 Zweige Thymian
1 Zweig Rosmarin
150 ml Gemüsefond
Salz
Chilipulver
8 Scheiben Ciabatta
2 Zweige Basilikum

1. Paprika vierteln, entkernen und mit der Hautseite nach oben auf ein Backblech legen. Unter dem vorgeheizten Backofengrill auf der 3. Einschubleiste von unten 8–10 Minuten grillen, bis die Haut schwarze Blasen wirft. Ein nasses, kaltes Küchentuch darauf legen und die Paprika etwas abkühlen lassen. Dann die Haut abziehen und die Paprika schräg halbieren.

2. Schalotten und Knoblauch pellen und in feine Würfel schneiden. 4 El Olivenöl erhitzen, Schalotten und die Hälfte des Knoblauchs darin anbraten. Den Puderzucker darauf sieben und leicht karamellisieren lassen. Mit Aceto balsamico ablöschen und mit Rotwein auffüllen. Thymian und Rosmarin zugeben und bei mittlerer Hitze auf ⅓ einkochen lassen. Die Kräuter entfernen, mit Gemüsefond auffüllen und auf die Hälfte einkochen lassen. Mit Salz und Chilipulver würzen. Paprika zugeben und beiseite stellen.

3. Das restliche Olivenöl in einer Pfanne erhitzen. Restlichen Knoblauch und Ciabatta zugeben und bei mittlerer Hitze von beiden Seiten goldbraun anbraten. Jeweils 2 Scheiben Ciabatta auf flache Teller legen und die Peperonata darauf portionsweise anrichten. Mit grob gezupften Basilikumblättern garnieren und sofort servieren.

Zubereitungszeit: 1 Stunde
Pro Portion 9 g E, 25 g F, 51 g KH = 508 kcal (2132 kJ)

Pasta und so

Unzählig sind die Pasta- und Risottovariationen, mit denen Italiens Küche die übrige Menschheit beglückt. Für perfekte Vorspeisen oder sättigende Hauptgerichte hat Johann Lafer einige Klassiker ausgewählt, und natürlich überrascht er auch mit einigen ungewöhnlichen neuen Kreationen

Spaghetti mit klassischer Bolognese

Für 4 Portionen:

200 g Schalotten
5 Knoblauchzehen
3 El Olivenöl
400 g gemischtes Hack
300 g Möhren
200 g Staudensellerie
2 El Tomatenmark
200 g Parmaschinken (am Stück)
6 Zweige glatte Petersilie
800 g stückige Tomaten (Dose oder Packung)
200 ml Weißwein
600 ml Kalbsfond
150 ml Milch
Salz, Pfeffer, Muskatnuss

1. Die Schalotten und die Knoblauchzehen pellen und in feine Würfel schneiden. Olivenöl erhitzen und das Hackfleisch bei starker Hitze in 5–6 Minuten braun anbraten.

2. In der Zwischenzeit die Möhren schälen und längs vierteln. Den Staudensellerie putzen und die Fäden abziehen. Beides durch die mittlere Scheibe des Fleischwolfs drehen (oder sehr fein würfeln bzw. hacken).

3. Schalotten- und Knoblauchwürfel mit dem durchgedrehten Gemüse zum Hack geben und 2–3 Minuten mitbraten. Tomatenmark dazugeben und kurz mitrösten.

4. Parmaschinken in grobe Stücke schneiden, durch die mittlere Scheibe des Fleischwolfs drehen und ebenfalls zum Hack geben.

5. Petersilienblätter abzupfen und grob hacken. Tomaten zum Hack geben und Weißwein, Fond, Milch und ⅔ der Petersilie dazugeben. Bei milder Hitze 2–2½ Stunden offen leise kochen lassen. Dann mit Salz, Pfeffer und etwas Muskat würzen.

6. Bolognese in eine heiße Schüssel füllen und mit der restlichen Petersilie bestreuen. Mit gekochten Spaghetti und gehobeltem Parmesan servieren.

Zubereitungszeit: 3 Stunden
Pro Portion 34 g E, 31 g F, 14 g KH = 480 kcal (2016 kJ)

Spinatravioli mit Salbeibutter

Für 4 Portionen:

Ravioliteig
250 g Hartweizengrieß
2 Eier (Kl. M)
1 El Olivenöl
Salz, Pfeffer
Mehl zum Bearbeiten

Füllung
500 g Spinat
150 g Ricotta
130 g frisch geriebener Pecorino
2 Eigelb (Kl. M)
Salz, Pfeffer
Muskatnuss

Salbeibutter
40 g Pinienkerne
60 g Butter
1 Zweig Salbei

1. Den Hartweizengrieß mit Eiern, Olivenöl, Salz und Pfeffer zu einem glatten Teig kneten. In Klarsichtfolie einwickeln und 1 Stunde kalt stellen.

2. In der Zwischenzeit für die Füllung den Spinat putzen und waschen. Den tropfnassen Spinat in einen Topf mit wenig kochendem Wasser geben und 3–4 Minuten zugedeckt dünsten. Dann in ein Sieb schütten und mit Hilfe einer Schaumkelle gut ausdrücken. Spinat auf ein Schneidbrett geben und fein hacken.

3. Den Ricotta in einem Küchentuch gut ausdrücken. Den Spinat mit dem Ricotta, Pecorino und 1 Eigelb in eine Schüssel geben und gut vermengen. Mit Salz, Pfeffer und Muskat abschmecken. Kalt stellen.

4. Den Nudelteig in 4 gleich große Stücke schneiden. Die Teigstücke ca. 1 cm flach drücken. Alle Teigstücke nacheinander durch die glatte Walze der Nudelmaschine von Stufe 1–6 drehen. Teigplatten auf eine bemehlte Arbeitsfläche legen.

5. Füllung in einen Spritzbeutel geben. Die Füllung in Abständen von 4–5 cm etwa walnussgroß (16-mal) nebeneinander auf 2 Teigplatten spritzen. Das restliche Eigelb verquirlen und die nicht belegten Teigplatten damit einpinseln. Diese Teigplatten mit der Eigelbseite nach unten auf die mit der Füllung belegten Teigplatten deckungsgleich auflegen. Um die Füllung und am Rand den Teig andrücken. Mit einem runden Ravioliausstecher (8 cm Ø) 16 Ravioli ausstechen. Die Ravioli in leicht kochendem Salzwasser 4–5 Minuten garen, abgießen und abtropfen lassen.

6. Für die Salbeibutter die Pinienkerne in einer Pfanne ohne Fett goldbraun rösten. Die Butter zerlassen, Salbeiblätter abzupfen und mit den Pinienkernen zugeben. Kurz anbraten und die Ravioli zugeben. In der Salbeibutter schwenken und in tiefen Tellern anrichten. Sofort servieren.

Zubereitungszeit: 1:30 Stunden
(plus Zeit für den Ravioliteig)
Pro Portion 27 g E, 42 g F, 37 g KH = 637 kcal (2668 kJ)

Weißwein-Risotto

Für 4 Portionen:

70 g Schalotten
2 El Olivenöl
40 g Butter
400 g Risottoreis (z. B. Vialone o. Carnaroli)
100 ml Weißwein
1 l Geflügelfond
Salz, Pfeffer
60 g frisch geriebener Parmesan
etwas gehobelter Parmesan für die Garnitur
1 Zweig Salbei

1. Die Schalotten pellen und in feine Würfel schneiden. Das Olivenöl und 20 g Butter in einem Topf erhitzen. Die Schalotten zugeben und bei mittlerer Hitze glasig andünsten. Den Reis zugeben, kurz glasig andünsten und mit Weißwein ablöschen. Unter Rühren fast völlig verdampfen lassen.

2. Dann ⅓ des heißen Fonds dazugießen und unter Rühren fast völlig vom Reis aufnehmen lassen. Diesen Vorgang noch zweimal wiederholen, bis der Fond verbraucht ist; dabei immer wieder rühren, damit der Reis nicht ansetzt.

3. Risotto mit Salz und Pfeffer würzen, die restliche Butter und den geriebenen Parmesan unterrühren. Mit gehobeltem Parmesan und abgezupften Salbeiblättern bestreuen. Sofort servieren.

Zubereitungszeit: 30 Minuten
Pro Portion 15 g E, 23 g F, 80 g KH = 604 kcal (2537 kJ)

Minestrone

Für 4–6 Portionen:

100 g Maccheroni corti (kurze Maccheroni)
Salz
100 g Pancetta in Scheiben (ersatzweise durchwachsener Speck)
100 g Schalotten
100 g Möhren
50 g Staudensellerie
50 g Romanesco
100 g Porree
100 g Zucchini
50 g Zuckerschoten
200 g Tomaten
4 Zweige glatte Petersilie
3 El Olivenöl
1 Kräutersträußchen (je 1 Zweig Rosmarin, Thymian und Majoran)
1,2 l Geflügelfond
Pfeffer
20 g frisch geriebener Parmesan

1. Die Maccheroni in reichlich kochendem Salzwasser bissfest garen. Abgießen und abtropfen lassen.

2. Den Pancetta in feine Streifen schneiden. Die Schalotten pellen und in feine Würfel schneiden. Die Möhren schälen und schräg in 3–4 mm dünne Scheiben schneiden. Vom Staudensellerie die Fäden abziehen und den Sellerie schräg in ½ cm große Stücke schneiden.

3. Den Romanesco in kleine Röschen teilen. Porree putzen, längs halbieren, waschen und schräg in 3–4 mm dünne Stücke schneiden. Zucchini putzen, längs halbieren und schräg in ½ cm dicke Stücke schneiden. Zuckerschoten putzen und längs halbieren.

4. Die Tomaten überbrühen, abschrecken, häuten, vierteln und entkernen. Die Viertel nochmals längs halbieren. Petersilienblätter abzupfen und grob hacken.

5. Das Olivenöl in einem großen Topf erhitzen und den Pancetta darin goldbraun anbraten. Die Schalotten zugeben und andünsten. Möhren, Staudensellerie, Romanesco, Porree, Zucchini und das Kräutersträußchen zugeben. Mit Geflügelfond auffüllen, kurz aufkochen lassen und bei mittlerer Hitze 8–10 Minuten köcheln lassen. Die Zuckerschoten zugeben und weitere 3 Minuten köcheln lassen.

6. Dann Nudeln, Tomaten und Petersilie zugeben und 1 Minute ziehen lassen. Mit Salz und Pfeffer abschmecken. In tiefen Tellern anrichten und mit Parmesan bestreuen.

Zubereitungszeit: 1:10 Stunden
Pro Portion (bei 6 Portionen) 8 g E, 20 g F, 17 g KH = 290 kcal (1218 kJ)

Steinpilznudeln mit Trüffelöl und Austernpilzen

Für 4 Portionen:

15 g getrocknete Steinpilze
200 g Mehl
50 g Hartweizengrieß
3 El Olivenöl
7 Eigelb (Kl. M)
Salz
1 El fein gehackte glatte Petersilie
Mehl zum Bearbeiten
300 g Austernpilze
80 g Schalotten
2 Tomaten
1 Bund Schnittlauch
40 g Butter
1 El Trüffelöl (ersatzweise Steinpilzöl)
Pfeffer
40 g dünn gehobelter Parmesan

1. Für den Nudelteig die Steinpilze im Küchenmixer (z.B. Moulinette) fein mahlen. Steinpilzmehl, Mehl, Hartweizengrieß, Olivenöl, Eigelb, 3 El Wasser, ½ Tl Salz und Petersilie in eine Küchenmaschine mit Knethaken geben und zu einem glatten Teig verarbeiten. Teig aus der Maschine nehmen, zu einer glatten Kugel formen, in Folie wickeln und 1 Stunde ruhen lassen.

2. Etwas Mehl auf die Arbeitsfläche streuen, den Nudelteig vierteln. Die Teigstücke mit dem Nudelholz 1 cm dick längs ausrollen, dabei mit etwas Mehl bestäuben. Alle Teigstücke nacheinander durch die glatte Walze der Nudelmaschine von Stufe 1–6 drehen. Jede Teigplatte auf einer bemehlten Arbeitsfläche in 20 cm lange Teigplatten schneiden und durch die Schneidwalze (5 mm Schnittbreite) drehen.

3. Die Austernpilze putzen und in 4–5 cm große Stücke schneiden. Schalotten pellen und längs in ½ cm breite Spalten schneiden. Tomaten blanchieren, abschrecken, häuten, längs vierteln und entkernen. Die Viertel nochmals längs halbieren. Schnittlauch in feine Röllchen schneiden.

4. Die Nudeln in kochendem Salzwasser 2–3 Minuten garen, abgießen und abtropfen lassen. Butter in einer Pfanne erhitzen. Die Austernpilze zugeben und hellbraun anbraten. Schalotten zugeben und leicht anbraten. Nudeln, Tomaten, Schnittlauch und Trüffelöl zugeben. Alles gut durchschwenken und mit Salz und Pfeffer würzen. In tiefen Tellern anrichten. Den Parmesan über die Nudeln streuen.

Zubereitungszeit: 1:10 Stunden
(plus Ruhezeit für den Nudelteig)
Pro Portion 18 g E, 34 g F, 49 g KH = 561 kcal (2357 kJ)

Penne mit Pfeffer und Pecorino

Für 4 Portionen:

500 g Penne
Salz
100 g frisch geriebener Pecorino
Pfeffer
1 Zweig glatte Petersilie

1. Die Penne in reichlich kochendem Salzwasser bissfest garen, abgießen und 3–4 El Kochwasser zurückbehalten.

2. Die abgetropften Nudeln in eine heiße Pfanne geben. Mit Pecorino und grob gemahlenem Pfeffer bestreuen, heißes Nudelwasser zugeben und gut mischen, damit der Käse schmilzt. In tiefen Tellern anrichten und mit abgezupften Petersilienblättern bestreuen. Sofort servieren.

Zubereitungszeit: 25 Minuten
Pro Portion 25 g E, 9 g F, 88 g KH = 525 kcal (2205 kJ)

Kartoffel-Gnocchi mit Tomatenragout und Pecorino

Für 4 Portionen:

Gnocchi
800 g mehlig kochende Kartoffeln
Salz
200–250 g Mehl
1 Ei (Kl. M)
1 Eigelb (Kl. M)
Mehl oder Speisestärke zum Bearbeiten

Tomatenragout
600 g Tomaten
70 g Schalotten
2 Knoblauchzehen
4 El Olivenöl
½ El Zucker
3 Zweige Basilikum
30 g frisch geriebener Pecorino
Pfeffer

1. Die Kartoffeln mit Schale in kochendem Salzwasser 20–25 Minuten garen, abgießen und gut ausdämpfen lassen (Kartoffeln dürfen nicht mehr feucht sein). Die heißen Kartoffeln pellen und sofort durch die Kartoffelpresse in eine Schüssel drücken. Mehl, Ei, Eigelb und 1 Tl Salz zugeben. Mit einem Holzlöffel zu einem weichen, elastischen Teig verkneten.

2. Auf einer bemehlten Arbeitsfläche fingerdicke Röllchen daraus formen und diese in 3 cm lange Stücke schneiden. Die Stücke über die Innenseite einer Käsereibe oder über die Zinken einer Gabel rollen und durch leichtes Drücken mit dem Daumen zu Gnocchi formen.

3. Die Gnocchi portionsweise in reichlich kochendes Salzwasser geben und kurz aufkochen lassen, dann sofort die Hitze reduzieren und die Gnocchi nur noch leise köcheln lassen. Sobald sie an die Oberfläche steigen (nach ca. 3 Minuten), mit einer Schaumkelle herausheben, in ein Sieb geben und gut abtropfen lassen.

4. Für das Tomatenragout die Tomaten überbrühen, abschrecken, häuten, vierteln, entkernen und in ca. ½ cm große Würfel schneiden. Schalotten und Knoblauch pellen und in feine Würfel schneiden.

5. Das Olivenöl erhitzen, Schalotten und Knoblauch darin andünsten. Zucker dazugeben und schmelzen lassen. Tomaten dazugeben und 3–4 Minuten bei mittlerer Hitze köcheln lassen. Die Gnocchi zum Tomatenragout geben und noch 1 Minute köcheln lassen.

6. Basilikumblätter abzupfen, die Hälfte der Blätter mit ⅔ des Pecorinos zu den Gnocchi geben und unterheben. Mit Salz und Pfeffer abschmecken. In tiefen Tellern anrichten und mit dem restlichen Pecorino und restlichen Basilikumblättern bestreuen. Sofort servieren.

Zubereitungszeit: 1:50 Stunden
Pro Portion 17 g E, 17 g F, 82 g KH = 564 kcal (2367 kJ)

Spaghetti aglio e olio

Für 4 Portionen:

50 g Pinienkerne
8 Knoblauchzehen
40 g getrocknete Tomaten (in Öl)
1 Bund Rucola (ca. 60 g)
500 g Spaghetti
Salz
5 El Olivenöl
schwarzer Pfeffer
Chilipulver

1. Pinienkerne in einer Pfanne ohne Fett goldbraun rösten. Knoblauch pellen und in dünne Scheiben schneiden. Tomaten abtropfen lassen und in ½ cm große Würfel schneiden. Rucola waschen, trockenschleudern, in grobe Stücke schneiden.

2. Die Spaghetti in reichlich kochendem Salzwasser nach Packungsanweisung al dente kochen.

3. In der Zwischenzeit das Olivenöl in einer Pfanne erhitzen und den Knoblauch darin goldbraun braten. Tomaten zugeben und ½ Minute mitbraten. Die Spaghetti abgießen, gut abtropfen lassen und in eine große, heiße Schüssel füllen.

4. Pinienkerne und Rucola auf die Spaghetti geben. Mit Salz, grob gemahlenem Pfeffer und Chili würzen. Das heiße Öl mit Knoblauch und Tomaten über die Spaghetti gießen und gut unterheben. Sofort servieren.

Zubereitungszeit: 40 Minuten
Pro Portion 19 g E, 23 g F, 91 g KH = 654 kcal (2739 kJ)

Pesto-Lasagne

Für 4–6 Portionen:

30 g Pinienkerne
4 Knoblauchzehen
70 g Basilikum
150 g frisch geriebener Parmesan
70 ml Olivenöl
Salz, Pfeffer
150 g Ricotta
15 Lasagneblätter
Olivenöl für die Form

1. Für den Pesto die Pinienkerne in einer Pfanne ohne Fett goldbraun rösten und auskühlen lassen. Die Knoblauchzehen pellen und fein hacken.

2. Vom Basilikum die Blätter abzupfen und mit den Pinienkernen, Knoblauch, 120 g Parmesan und Olivenöl in einen Küchenmixer geben, fein pürieren, salzen und pfeffern. Den Ricotta gut abtropfen lassen und mit dem Pesto verrühren.

3. Die Lasagneblätter in reichlich kochendem Salzwasser bissfest garen, abschrecken und gut abtropfen lassen.

4. Eine Auflaufform (25x20 cm) mit etwas Olivenöl dünn auspinseln und mit 3 Nudelplatten auslegen. Abwechselnd Nudeln und 1 ½ –2 El Pesto-Ricotta-Mischung in die Form schichten. Mit Pesto abschließen, restlichen Parmesan darüber streuen. Im vorgeheizten Backofen auf der 2. Einschubleiste von unten bei 180 Grad (Gas 2–3, Umluft 170 Grad) 20–25 Minuten backen.

Zubereitungszeit: 50 Minuten
Pro Portion (bei 6 Portionen) 24 g E, 27 g F, 63 g KH = 580 kcal (2434 kJ)

Überbackene Polenta-Gnocchi mit Radicchiosalat

Für 4 Portionen:

500 ml Milch
50 g weiche Butter
Salz
Muskatnuss
150 g Polentagrieß
70 g frisch geriebener Parmesan
2 Eigelb (Kl. M)
2 Radicchio (ca. 300 g)
20 g Pinienkerne
40 g Schalotten
1 Knoblauchzehe
4 Zweige glatte Petersilie
4 El weißer Aceto balsamico
Pfeffer
7 El Olivenöl

1. Milch mit 30 g Butter, Salz und Muskat aufkochen. Den Grieß unter ständigem Rühren mit dem Schneebesen einrieseln lassen. Bei kleiner Hitze 5 Minuten quellen lassen; dabei mehrmals mit dem Holzlöffel gut durchrühren. Polenta in eine Schale geben und etwas abkühlen lassen. 50 g Parmesan und Eigelb mit einem Holzlöffel schnell unterrühren, damit das Eigelb nicht stockt.

2. Die Polenta auf Klarsichtfolie (45x45 cm) geben, etwas andrücken und mit einer zweiten Klarsichtfolie abdecken. Die Polenta zwischen den Folien mit einem Nudelholz zu einer 1 cm dicken Platte ausrollen. 2 Stunden auskühlen lassen.

3. In der Zwischenzeit für den Radicchiosalat den Radicchio putzen, waschen und trockenschleudern.

4. Die Pinienkerne in einer Pfanne ohne Fett goldbraun rösten. Schalotten und Knoblauch pellen und fein würfeln. Petersilienblätter abzupfen und grob hacken. Den Aceto balsamico mit Salz und Pfeffer verrühren. Das Olivenöl unter ständigem Rühren einlaufen lassen. Pinienkerne, Schalotten, Knoblauch und Petersilie zugeben und verrühren. Beiseite stellen.

5. Eine feuerfeste Form mit 10 g Butter dünn auspinseln. Von der ausgekühlten Polenta die obere Folie abziehen. Mit einem runden Ausstecher (8 cm Ø) 24 Halbmonde ausstechen und nebeneinander in die Form setzen; den Ausstecher dabei mehrmals in lauwarmes Wasser tauchen. Die Gnocchi mit der restlichen Butter dünn bestreichen und mit dem restlichen Parmesan bestreuen. Auf der 3. Einschubleiste von unten unter dem heißen Backofengrill in 3–4 Minuten goldbraun überbacken.

6. In der Zwischenzeit den Radicchiosalat mit dem Dressing vorsichtig vermengen und auf flachen Tellern anrichten. Die überbackenen Gnocchi auf den Tellern verteilen und servieren.

Zubereitungszeit: 50 Minuten
(plus Kühlzeit für die Polenta)
Pro Portion 19 g E, 43 g F, 42 g KH = 655 kcal (2751 kJ)

Maccheroni all'amatriciana

Für 4 Portionen:

100 g Zwiebeln
100 g Pancetta in Scheiben
(ersatzweise durchwachsener Speck)
2 El Olivenöl
10 g Butter
800 g stückige Tomaten (Dose oder Packung)
Salz
500 g Maccheroni corti (kurze Maccheroni)
Pfeffer
100 g grob geriebener Pecorino
12 Basilikumblätter

1. Die Zwiebeln pellen und mit dem Pancetta in feine Würfel schneiden. Olivenöl und Butter in einer Pfanne erhitzen. Zwiebeln und Pancetta darin anbraten. Tomaten zugeben und bei mittlerer Hitze in 8–10 Minuten zu Mus einkochen lassen. Mit Salz abschmecken.

2. In der Zwischenzeit die Maccheroni in reichlich kochendem Salzwasser bissfest garen, abgießen und gut abtropfen lassen. Mit der Tomatensauce mischen, kräftig mit Pfeffer abschmecken und mit der Hälfte des Pecorinos vermengen. In tiefen Tellern anrichten und mit dem restlichen Pecorino und den Basilikumblättern bestreut servieren.

Zubereitungszeit: 40 Minuten
Pro Portion 30 g E, 31 g F, 94 g KH = 783 kcal (3287 kJ)

Pasta mit Bohnen

Für 6 Portionen:

400 g getrocknete Bohnen (Borlotti-Bohnen oder weiße Bohnen)
500 g Pancetta am Stück (ersatzweise durchwachsener Speck)
3 Zweige Salbei
7 El Olivenöl
Salz
250 g Möhren
2 Knoblauchzehen
200 g Maccheroni corti (kurze Makkaroni)
Pfeffer
60 g frisch geriebener Parmesan

1. Die Bohnen über Nacht in kaltem Wasser einweichen. Bohnen abgießen und mit dem Pancetta, 2 Salbeizweigen, 3 El Olivenöl, Salz und 3 l Wasser aufkochen und im geschlossenen Topf bei milder Hitze insgesamt 2 ½ Stunden kochen.

2. Die Möhren schälen und in ½ cm große Würfel schneiden. Knoblauch pellen und grob würfeln.

3. Nach 2 Stunden Garzeit den Pancetta herausnehmen und beiseite stellen. Etwa ⅓ der Bohnen mit etwas Flüssigkeit (ca. 200 ml) und dem Knoblauch in ein Gefäß füllen und mit dem Schneidstab fein pürieren. Beiseite stellen.

4. Nach 2 ¼ Stunden die Möhren und die Nudeln zugeben und 15 Minuten bei mittlerer Hitze leise kochen lassen.

5. Den Pancetta ohne Schwarte in 1 ½ cm große Würfel schneiden. Vom restlichen Salbei die Blätter abzupfen, 6 Blätter beiseite legen. Restlichen Salbei grob hacken und mit dem Pancetta und dem Bohnenpüree in die Suppe geben. Einmal kurz aufkochen, mit Salz und Pfeffer abschmecken und das restliche Olivenöl unterrühren. In tiefen Tellern anrichten und mit Salbeiblättern garnieren. Mit dem Parmesan servieren.

Zubereitungszeit: 2:45 Stunden
Pro Portion 30 g E, 70 g F, 55 g KH = 993 kcal (4172 kJ)

Kräuterravioli mit Garnelenfüllung

Für 4 Portionen:

Ravioliteig

250 g Hartweizengrieß
2 Eier (Kl. M), 1 El Olivenöl
Salz, Pfeffer
Mehl zum Bearbeiten
6 Zweige Kerbel
6 Zweige glatte Petersilie
1 Eigelb (Kl. M)

Füllung und Butter

70 g Schalotten
2 Knoblauchzehen
1 rote Paprika (200 g)
1 gelbe Paprika (200 g)
12 Riesengarnelen
(ohne Schale, à 20 g)
3 El Olivenöl, Salz
Chilipulver
2 Knoblauchzehen
4 Zweige glatte Petersilie
1 Zweig Salbei
2 Zweige Thymian
60 g Butter

1

2

3

4

1. Den Hartweizengrieß mit Eiern, Olivenöl, Salz und Pfeffer zu einem glatten Teig kneten. In Klarsichtfolie wickeln und 1 Stunde kalt stellen.

2. Für die Füllung Schalotten und Knoblauch pellen und fein würfeln. Die Paprika vierteln, entkernen und die Haut mit einem Sparschäler abschälen. Paprika in 3–4 mm große Würfel schneiden. Die Garnelen entdarmen, fein würfeln. Das Olivenöl in einer Pfanne erhitzen und die Schalotten und den Knoblauch darin andünsten. Paprika zugeben und kurz andünsten. Pfanne von der Kochstelle nehmen und die Garnelen unter das heiße Gemüse heben. Mit Salz und Chilipulver abschmecken. Beiseite stellen.

3. Den Nudelteig in 4 gleich große Stücke schneiden. Die Teigstücke ca. 1 cm flach drücken. Alle Teigstücke nacheinander durch die glatte Walze der Nudelmaschine von Stufe 1–6 drehen. Teigplatten auf eine bemehlte Arbeitsfläche legen.

4. Kerbel- und Petersilienblätter abzupfen und damit jede Teigplatte bis zur Hälfte gleichmäßig belegen. Die freien Teigplattenhälften über die Kräuter klappen und gut andrücken (Foto 1). Dann nochmals auf Stufe 5 und 6 durch die Walze drehen und ausrollen (Foto 2).

5. Auf 2 Teigplatten im Abstand von 6 cm je 1 El Füllung (insgesamt 12 Portionen) geben. Eigelb verquirlen und die nicht belegten Teigplatten damit einpinseln. Diese Teigplatten mit der Eigelbseite nach unten auf die mit der Füllung belegten Teigplatten deckungsgleich auflegen (Foto 3). Um die Füllung und am Rand den Teig andrücken. Mit einem gezackten Teigrädchen 12 Ravioli ausschneiden (Foto 4). Die Ravioli in leicht kochendem Salzwasser 2–3 Minuten garen, abgießen und abtropfen lassen.

6. Für die Kräuterbutter den Knoblauch pellen und fein würfeln. Die Kräuterblätter fein hacken. Die Butter erhitzen. Knoblauch, Kräuter und Ravioli zugeben. Alles gut durchschwenken und sofort servieren.

Zubereitungszeit: 1:30 Stunden
(plus Ruhezeit für den Ravioliteig)
Pro Portion 32 g E, 30 g F, 53 g KH = 614 kcal (2568 kJ)

Tomaten-Oliven-Gnocchi

Für 4 Portionen:

200 g schwarze Oliven (ohne Stein)
6 El Olivenöl
150 g getrocknete Tomaten (in Öl)
300 g Magerquark
250 g Toastbrot (ohne Rinde)
2 Eier (Kl. M)
100 g Mehl
Salz
Chilipulver
Mehl zum Bearbeiten
20 g Pinienkerne
70 g Schalotten
2 Knoblauchzehen
8 Strauchtomaten
5 Zweige glatte Petersilie
Pfeffer
30 g Rucolasalat (geputzt)
30 g Friséesalat (geputzt)
3 El weißer Aceto balsamico
3 El Olivenöl mit Zitrone
20 g dünn gehobelter Parmesan

1. 150 g Oliven mit 2 El Olivenöl in einem Küchenmixer (z. B. Moulinette) fein pürieren. Die Tomaten in ein Sieb geben und abtropfen lassen. Tomaten mit 3 El des abgetropften Öls ebenfalls fein pürieren.

2. Den Quark in einem Küchentuch gut ausdrücken und in eine Schüssel geben. Das Toastbrot im Küchenmixer nach und nach fein zerkrümeln und mit Eiern, Mehl, Salz und Chilipulver zum Quark geben und zu einem glatten Teig verarbeiten. Den Teig halbieren und auf 2 Schüsseln verteilen.

3. Die pürierten Tomaten und Oliven in jeweils 1 Schüssel geben und alles zu einem weichen, elastischen Teig kneten. Teige in einen Spritzbeutel mit Lochtülle Nr. 12 füllen und lange Röllchen auf eine bemehlte Arbeitsfläche spritzen. Diese in 3 cm lange Stücke schneiden. Die Stücke einzeln über die Zinken einer Gabel rollen und dabei in der Mitte leicht eindrücken. Gnocchi auf ein leicht bemehltes Blech legen.

4. Die restlichen Oliven längs vierteln. Die Pinienkerne in einer Pfanne ohne Fett goldbraun rösten. Schalotten und Knoblauch pellen und in feine Würfel schneiden.

5. 4 Strauchtomaten überbrühen, abschrecken, häuten, vierteln und entkernen. Die Viertel nochmals halbieren. Petersilienblätter abzupfen und fein hacken.

6. Die Gnocchi in reichlich kochendes Salzwasser geben, kurz aufkochen lassen, dann sofort die Hitze reduzieren und die Gnocchi ziehen lassen. Sobald sie an die Oberfläche steigen (nach ca. 3 Minuten), mit einer Schaumkelle herausheben und in einem Sieb gut abtropfen lassen.

7. In der Zwischenzeit das restliche Olivenöl in einer Pfanne erhitzen und die Schalotten und den Knoblauch darin andünsten. Die Oliven zugeben und kurz andünsten. Die Tomaten- und Oliven-Gnocchi zugeben und 1 Minute bei mittlerer Hitze anbraten. Mit Salz und Pfeffer würzen. Tomaten, Pinienkerne und Petersilie zugeben und unterheben.

8. Die restlichen Strauchtomaten vierteln und mit dem Salat auf einer Platte anrichten. Mit Aceto balsamico und Olivenöl mit Zitrone beträufeln. Mit Salz und Pfeffer würzen. Gnocchi auf die Platte legen, mit Parmesan bestreuen und sofort servieren.

Zubereitungszeit: 2:20 Stunden
Pro Portion 23 g E, 63 g F, 58 g KH = 933 kcal (3920 kJ)

Tomatenessenz mit Ricotta-Nocken

Für 6 Portionen:

Tomatenessenz
150 g Schalotten
400 g Tomaten
2 El Olivenöl
3 El Tomatenmark mit Knoblauch
50 g getrocknete Tomaten (ohne Öl)
400 g stückige Tomaten (Dose oder Packung)
1,4 l Geflügelfond
1 Tl weiße Pfefferkörner
2 Lorbeerblätter
4 Zweige Basilikum
Salz
Chilipulver
200 g Möhren
150 g Knollensellerie
100 g Porree
300 g Rinderhesse
3 Zweige Thymian
6 Eiweiß (Kl. M)
Pfeffer

Ricotta-Nocken
80 ml Milch
35 g Butter
Salz, Pfeffer
Muskatnuss
70 g Mehl
2 Eier (Kl. M)
200 g Ricotta

1. Die Schalotten pellen und in grobe Würfel schneiden. Die Tomaten waschen und vierteln.

2. Das Olivenöl in einem Topf erhitzen und die Schalotten darin andünsten. 2 El Tomatenmark zugeben, kurz anrösten. Die frischen Tomaten mit den getrockneten Tomaten zugeben und kurz andünsten. Mit stückigen Tomaten und Geflügelfond auffüllen. Die Pfefferkörner, Lorbeerblätter und 2 Basilikumzweige zugeben. Mit Salz und Chilipulver würzen und bei mittlerer Hitze 30 Minuten köcheln lassen. Dann den Tomatensud von der Kochstelle nehmen und abkühlen lassen.

3. Für das Klärfleisch Möhren und Sellerie schälen und in grobe Stücke schneiden. Porree putzen und in grobe Stücke schneiden. Die Rinderhesse in schmale Streifen schneiden. Fleisch mit dem Gemüse durch die mittlere Scheibe des Fleischwolfs drehen. Mit dem restlichen Tomatenmark, Thymian und Salz würzen und mit dem Eiweiß vermengen.

4. Fleischmasse mit dem kalten Tomatensud in einem Topf mischen und bei niedriger Hitze langsam unter vorsichtigem Umrühren aufkochen lassen. Danach nicht mehr rühren und bei kleiner Hitze 30 Minuten ziehen lassen; die Suppe darf jetzt nicht mehr kochen.

5. Die klare Essenz mit der Schöpfkelle vorsichtig abschöpfen und durch ein Passiertuch in einen Topf gießen. Mit Salz und Pfeffer abschmecken.

6. Für die Ricotta-Nocken die Milch mit der Butter kurz aufkochen und kräftig mit Salz, Pfeffer und Muskat würzen. Das Mehl unter ständigem Rühren dazugeben und so lange kräftig mit dem Kochlöffel rühren, bis sich ein weißer Belag am Topfboden bildet.

7. Die Masse in eine Schüssel geben. Unter ständigem Rühren mit den Quirlen des Handrührers nach und nach die Eier zugeben und glatt rühren. Dann den Ricotta zugeben und unterrühren. Masse mit Folie abdecken und für 1 Stunde in den Kühlschrank stellen.

8. Die Tomatenessenz erhitzen. Aus der Ricotta-Masse mit 2 Esslöffeln 12 Nocken abstechen und in leicht kochendem Salzwasser in 4–5 Minuten gar ziehen lassen. Die fertigen Nocken vorsichtig mit einer Schaumkelle aus dem Wasser nehmen, gut abtropfen lassen und auf tiefe Teller verteilen. Die heiße Essenz zugeben und mit den restlichen abgezupften Basilikumblättern bestreuen. Sofort servieren.

Zubereitungszeit: 1:50 Stunden (plus Ruhezeit für die Ricotta-Masse)
Pro Portion 26 g E, 22 g F, 18 g KH = 390 kcal (1637 kJ)

Lasagnetürmchen von Seeteufel und Lachs mit Estragon-Weißwein-Sauce

Für 4 Portionen:

Nudelteig
180 g Mehl
50 g Hartweizengrieß
2 El Olivenöl
7 Eigelb (Kl. M)
Salz
Mehl zum Bearbeiten

Kräuterbutter
60 g weiche Butter
1 Tl fein geschnittener Estragon
2 El fein gehackte glatte Petersilie
1 El fein geschnittener Dill
1 El fein geschnittener Schnittlauch
1 El Weinbrand
Salz, Pfeffer

Estragon-Weißwein-Sauce
100 g Schalotten
1 Knoblauchzehe
30 g Butter
100 ml Weißwein
100 ml Fischfond
180 ml Schlagsahne
Salz, Pfeffer
1 El fein geschnittener Estragon

Gemüse und Fisch
100 g Schalotten
200 g Möhren
200 g Fenchel
200 g Porree
6 El Olivenöl
Salz, Pfeffer
15 Safranfäden
50 ml Weißwein
80 ml Fischfond
1 mehlig kochende Kartoffel (geschält, ca. 50 g)
200 g Lachsfilet (küchenfertig)
200 g Seeteufelfilet (küchenfertig)
½ kleine Knoblauchknolle
Schale von ½ Zitrone
Butter zum Bestreichen

1. Für den Nudelteig Mehl, Hartweizengrieß, Olivenöl, Eigelb, Salz und 1–2 El Wasser in einer Küchenmaschine mit Knethaken zu einem glatten Teig verarbeiten. Teig aus der Maschine nehmen, zu einer glatten Kugel formen, in Folie wickeln und 1 Stunde ruhen lassen.

2. Dann den Nudelteig in 4 gleich große Stücke schneiden. Die Teigstücke ca. 1 cm flach drücken. Alle Teigstücke nacheinander durch die glatte Walze der Nudelmaschine von Stufe 1–5 drehen. Teigplatten auf eine bemehlte Arbeitsfläche legen und mit einem Ausstecher (10 cm Ø) 12 Kreise ausstechen. Einzeln in kochendes Salzwasser gleiten lassen, bissfest garen, abschrecken und gut abtropfen lassen. Mit Klarsichtfolie abdecken und beiseite stellen.

3. Für die Kräuterbutter die Butter schaumig rühren, Kräuter, Weinbrand, Salz und Pfeffer unterarbeiten. Beiseite stellen.

4. Für die Sauce Schalotten und Knoblauch pellen und in feine Würfel schneiden. 10 g Butter erhitzen und Schalotten und Knoblauch darin andünsten. Mit Weißwein ablöschen und mit Fischfond und 100 ml Sahne auffüllen. Bei mittlerer Hitze auf ⅓ einkochen lassen.

5. Die restliche Sahne steif schlagen. Kurz vor dem Servieren die restliche kalte Butter in kleinen Stückchen nach und nach mit dem Schneidstab unter die heiße Sauce mixen. Mit Salz und Pfeffer würzen. Estragon zugeben und die geschlagene Sahne unterheben.

6. Für das Gemüse die Schalotten pellen, Möhren, Fenchel und Porree putzen. Alles in sehr dünne, feine Streifen schneiden. 3 El Olivenöl erhitzen und Schalotten, Möhren, Fenchel und Porree darin andünsten. Mit Salz, Pfeffer und Safran würzen. Mit Weißwein ablöschen und dem Fischfond auffüllen. Bei mittlerer Hitze 3 Minuten köcheln lassen. Kartoffel fein reiben, zum Gemüse geben, kurz aufkochen lassen und von der Kochstelle nehmen. Warm stellen.

7. Lachs- und Seeteufelfilet in jeweils 4 gleich große Stücke schneiden. Die Fischstücke nochmals längs halbieren, aber dabei nicht ganz durchschneiden. Dann aufklappen und leicht andrücken, so dass eine flache Scheibe entsteht. Das restliche Olivenöl in einer Pfanne erhitzen. Knoblauchknolle und Zitronenschale zugeben und die Fischscheiben bei mittlerer Hitze von beiden Seiten je ½ Minute anbraten. Mit Salz und Pfeffer würzen. Fisch aus der Pfanne nehmen und auf Küchenpapier abtropfen lassen.

8. Ein Backblech dünn mit Butter bestreichen. 4 Nudelblätter auf dem Backblech verteilen. Mit jeweils 1 ½ El Gemüse bedecken. Seeteufel auf das Gemüse legen und wieder mit je 1 ½ El Gemüse und je 1 Nudelblatt bedecken. Auf die Nudelblätter je 1 Lachsscheibe legen und je 1 ½ El Gemüse darauf geben und mit den restlichen Nudelblättern abdecken. Nun je ½ El Kräuterbutter darauf setzen und im vorgeheizten Backofen auf der 2. Einschubleiste von unten bei 150 Grad (Gas 1, Umluft 130 Grad) 5 Minuten erwärmen.
Auf Tellern anrichten und mit der heißen Estragon-Weißwein-Sauce leicht übergießen. Sofort servieren.

Tipp: Kräuterbutter lässt sich gut vorbereiten und somit gut für andere Anlässe (z. B. Grillparty) verwenden. Bereiten Sie einfach die vierfache Menge des Rezeptes zu. Die Kräuterbutter dann in einen Spritzbeutel mit Sterntülle Nr. 12 füllen und auf ein mit Klarsichtfolie belegtes Blech 16–20 Tupfen spritzen. Abgedeckt und gekühlt hält sich die Butter so 2–3 Tage – im Gefriergerät 1–2 Monate.

Zubereitungszeit: **2:40 Stunden**
Pro Portion **33 g E, 77 g F, 54 g KH = 1074 kcal (4511 kJ)**

Rosmarin-Lammspießchen

Für 4 Portionen:

8 Lammfilets
(à 70 g, küchenfertig)
8 Zweige Rosmarin
40 g Schalotten
3 Knoblauchzehen
80 ml Olivenöl
Pfefferkörner (grob gemahlen)
5 Zweige glatte Petersilie
Salz
30 g Butter

1. Jedes Lammfilet in 3 gleich große Stücke schneiden. Die Rosmarinzweige auf 15 cm Länge spitz abschneiden. Die Nadeln abstreifen und nur an der Spitze ein paar Nadeln stehen lassen. Jeweils 3 Stücke Lammfilet auf die Zweige spießen.

2. Schalotten und Knoblauch pellen und in dünne Scheiben schneiden. Lammspieße mit Schalotten, Knoblauch und Olivenöl in eine Schale geben, pfeffern und dicht verschließen. Kühl stellen und ½ Tag marinieren.

3. Von der Petersilie die Blätter abzupfen und fein hacken. 3–4 El Olivenöl von der Marinade in eine Pfanne gießen und erhitzen. Die Lammspieße von allen Seiten darin gut anbraten und mit Salz und Pfeffer würzen. Butter zugeben und bei mittlerer Hitze in 2–3 Minuten fertig braten. Petersilie zugeben und die Spieße auf dem Pinienkern-Risotto anrichten (siehe folgendes Rezept).

Zubereitungszeit: 50 Minuten (plus Zeit zum Marinieren)
Pro Portion 19 g E, 29 g F, 2 g KH = 352 kcal (1479 kJ)

Pinienkern-Risotto

Für 4 Portionen:

40 g Schalotten
80 g Pinienkerne
60 g Butter
200 g Risottoreis
(z. B. Vialone oder Carnaroli)
100 ml Weißwein
450 ml Lammfond
Salz, Pfeffer
50 g getrocknete Tomaten (ohne Öl)
2 El Olivenöl
40 g frisch geriebener Parmesan
1 El fein geschnittener Schnittlauch
1 El fein gehackte glatte Petersilie
1 Tl frische Thymianblätter

1. Die Schalotten pellen und in feine Würfel schneiden. Die Pinienkerne in einer Pfanne ohne Fett goldbraun rösten. 20 g Butter erhitzen und die Schalotten glasig dünsten. Den Reis zugeben und leicht glasig werden lassen. Mit Weißwein ablöschen und mit 200 ml heißem Fond auffüllen. Mit Salz und Pfeffer würzen. Abgedeckt 6 Minuten bei mittlerer Hitze köcheln lassen, dabei mehrmals umrühren. Dann von der Kochstelle nehmen und 8–10 Minuten ziehen lassen.

2. Den Risottoreis in eine flache Schale füllen und flach streichen. Mit Klarsichtfolie abdecken und auskühlen lassen.

3. In der Zwischenzeit die Tomaten in feine Streifen schneiden. Das Olivenöl erhitzen und die Tomaten bei mittlerer Hitze andünsten, mit dem restlichen Fond auffüllen und einmal aufkochen lassen. Den abgekühlten Reis zugeben und bei mittlerer Hitze 1–2 Minuten köcheln lassen. Restliche Butter und Parmesan zugeben und gut verrühren. Dann Pinienkerne und Kräuter zugeben. Auf einer Platte mit den Lammspießchen anrichten.

Zubereitungszeit: 50 Minuten
Pro Portion 11 g E, 37 g F, 42 g KH = 280 kcal (1179 kJ)

Spaghetti mit Gemüse-Bolognese

Für 4 Portionen:

100 g Schalotten
5 Knoblauchzehen
120 g Staudensellerie
120 g Möhren
100 g Knollensellerie
100 g Zucchini
300 g Broccoli
80 g getrocknete Tomaten (in Öl)
3 El Olivenöl
50 g Tomatenmark mit Würzgemüse
150 ml Weißwein
400 ml passierte Tomaten
Salz
Chilipulver
100 g Frühlingszwiebeln
2 Zweige Basilikum

1. Schalotten und Knoblauch pellen und in feine Würfel schneiden. Staudensellerie putzen, die Fäden abziehen und den Sellerie in 3–4 mm große Würfel schneiden. Möhren und Knollensellerie schälen, Zucchini putzen und alles in 3–4 mm große Würfel schneiden. Broccoli putzen und in kleine Röschen schneiden. Die getrockneten Tomaten abtropfen lassen und in feine Streifen schneiden.

2. Das Olivenöl erhitzen, Schalotten und Knoblauch zugeben und andünsten. Tomatenmark zugeben und kurz mitrösten. Mit Weißwein ablöschen und die passierten Tomaten zugießen. Staudensellerie, Möhren, Knollensellerie und Zucchini zugeben und bei milder Hitze 5–6 Minuten leise kochen lassen. Mit Salz und Chilipulver würzen.

3. In der Zwischenzeit die Frühlingszwiebeln putzen und in ½ cm breite Stücke schneiden. Die Broccoliröschen in kochendem Salzwasser 2–3 Minuten blanchieren und in Eiswasser abschrecken.

4. Die getrockneten Tomaten und Frühlingszwiebeln mit dem abgetropften Broccoli zu der Gemüse-Bolognese geben. 2–3 Minuten köcheln lassen. Basilikumblätter abzupfen und ⅔ unter die Bolognese heben. Bolognese mit gekochten Spaghetti servieren und mit den restlichen Basilikumblättern bestreuen.

Zubereitungszeit: 50 Minuten
Pro Portion 5 g E, 10 g F, 12 g KH = 167 kcal (698 kJ)

Spinatknödel mit Tomaten-Salbei-Schmelze

Für 4 Portionen:

Spinatknödel
2 Knoblauchzehen
400 g Blattspinat
2 Eier (Kl. M)
Salz, Pfeffer
Muskatnuss
200 g Ricotta
200 g Mehl (gesiebt)
130 g frisch geriebener Parmesan

Tomaten-Salbei-Schmelze
40 g getrocknete Tomaten (ohne Öl)
4 Knoblauchzehen
50 g schwarze Oliven (ohne Stein)
300 g Tomaten
40 ml Olivenöl
40 g Butter
12 Salbeiblätter
Salz, Pfeffer
Chilipulver

1. Knoblauch pellen und in grobe Scheiben schneiden. Blattspinat putzen, waschen, blanchieren, abschrecken und gut ausdrücken. Den Spinat mit dem Knoblauch und den Eiern in einen Küchenmixer geben. Mit Salz, Pfeffer und Muskat würzen und pürieren.

2. Den pürierten Spinat in eine Schüssel geben. Den Ricotta in einem Küchentuch leicht ausdrücken und mit dem Mehl zum Spinat geben. Mit einem Holzlöffel zu einer homogenen Masse verrühren und dabei nach und nach den geriebenen Parmesan zugeben. Den Teig mit Klarsichtfolie abdecken und 30 Minuten kalt stellen.

3. In der Zwischenzeit für die Tomaten-Salbei-Schmelze die getrockneten Tomaten in feine Streifen schneiden. Den Knoblauch pellen und in dünne Scheiben schneiden. Die Oliven längs halbieren. Die frischen Tomaten überbrühen, abschrecken, häuten, längs vierteln und entkernen. Die Viertel nochmals längs halbieren.

4. Mit einem Eisportionierer 16 gleich große Klößchen aus dem Teig abstechen und in leicht kochendem Salzwasser garen. Wenn die Klöße an der Oberfläche schwimmen, noch 3–4 Minuten ziehen lassen.

5. Für die Schmelze das Olivenöl mit der Butter in einer Pfanne erhitzen. Getrocknete Tomaten, Knoblauch, Oliven und 8 Blätter Salbei zugeben und 2 Minuten andünsten. Die abgezogenen Tomatenstreifen zugeben und mit Salz, Pfeffer und Chilipulver abschmecken. Die Knödel mit einer Schaumkelle aus dem Kochwasser heben, gut abtropfen lassen und in die Tomatenschmelze geben. Kurz durchschwenken und auf einer Platte anrichten. Mit dem restlichen Salbei garnieren und sofort servieren.

Zubereitungszeit: 1:10 Stunden
Pro Portion 29 g E, 43 g F, 40 g KH = 657 kcal (2761 kJ)

Grüne Tagliatelle

Für 4 Portionen:

300 g Blattspinat
200 g Mehl
50 g Hartweizengrieß
3 El Olivenöl
7 Eigelb (Kl. M)
Salz
Mehl zum Bearbeiten
1 El weiche Butter

1. Für die Spinatmatte den Spinat putzen und gründlich waschen. Den tropfnassen Spinat mit 300 ml Wasser in einen Küchenmixer geben und fein pürieren. Alles in ein Küchentuch geben und den Spinatsaft durch Zusammendrehen des Tuches in einen Topf pressen. Den Spinatsaft auf 60–65 Grad erhitzen (er darf nicht kochen), bis sich das Blattgrün an der Oberfläche absetzt. Spinatsaft mit dem Blattgrün vorsichtig durch ein feines Sieb (z. B. Teesieb) gießen, gut abtropfen lassen und beiseite stellen. Ergibt ca. 10 g Blattgrün.

2. Für den Nudelteig Mehl, Hartweizengrieß, Olivenöl, Eigelb, 1 El Wasser, ½ Tl Salz und Blattgrün in eine Küchenmaschine mit Knethaken geben und zu einem glatten Teig verarbeiten. Teig aus der Maschine nehmen, zu einer glatten Kugel formen, in Folie wickeln und 1 Stunde ruhen lassen.

3. Etwas Mehl auf die Arbeitsfläche streuen, den Nudelteig vierteln. Die Teigstücke mit dem Nudelholz 1 cm dick längs ausrollen, dabei mit etwas Mehl bestäuben. Alle Teigstücke nacheinander durch die glatte Walze der Nudelmaschine von Stufe 1–6 drehen. Jede Teigplatte auf einer bemehlten Arbeitsfläche in 20 cm lange Teigplatten schneiden und durch die Schneidwalze (5 mm Schnittbreite) drehen.

4. Tagliatelle in reichlich kochendem Salzwasser 2–3 Minuten garen, abgießen und abtropfen lassen. In eine warme Schüssel geben und die Butter unterheben. Die Lachswürfel mit Zitronen-Kapern-Sauce (siehe folgendes Rezept) über die Nudeln geben und sofort servieren.

Zubereitungszeit: 50 Minuten (plus Ruhezeit für den Nudelteig)
Pro Portion 13 g E, 23 g F, 44 g KH = 436 kcal (1830 kJ)

Lachswürfel mit Zitronen-Kapern-Sauce

Für 4 Portionen:

400 g Lachsfilet (küchenfertig)
5 El Olivenöl
Salz, Pfeffer
80 g Schalotten
1 Knoblauchzehe
2 Zitronen
40 ml trockener Wermut (z. B. Noilly Prat)
100 ml Weißwein
220 ml Schlagsahne
1 Zweig Thymian
2 El Kapern
50 g Blattspinat (geputzt)

1. Das Lachsfilet längs halbieren und in 1 ½ cm breite Stücke schneiden. 3 El Olivenöl erhitzen und den Lachs bei mittlerer Hitze kurz von allen Seiten leicht anbraten. Mit Salz und Pfeffer würzen, aus der Pfanne nehmen und beiseite stellen.

2. Für die Sauce Schalotten und Knoblauch pellen und in feine Würfel schneiden. ½ Zitrone auspressen. Von der anderen Zitrone die Hälfte der Schale fein abreiben. Von den 1 ½ Zitronen die restliche Schale und weiße Haut sorgfältig entfernen und die Zitronenfilets zwischen den Trennhäuten herausschneiden.

3. Restliches Olivenöl in der Pfanne erhitzen. Schalotten und Knoblauch zugeben und andünsten. Mit Wermut ablöschen, Weißwein, 180 ml Sahne und Thymian zugeben. Bei mittlerer Hitze so lange köcheln lassen, bis eine sämige Konsistenz entsteht. Die restliche Schlagsahne steif schlagen.

4. Thymian aus der Sauce nehmen. Lachs und Zitronenschale zugeben und ½ Minute erwärmen. Zitronensaft, Kapern, Blattspinat und Zitronenfilets zugeben, vorsichtig unterheben und kurz ziehen lassen. Die geschlagene Sahne unterheben und zu den Nudeln servieren.

Zubereitungszeit: 50 Minuten
Pro Portion 21 g E, 47 g F, 5 g KH = 575 kcal (2416 kJ)

Penne mit Tomaten-Oliven-Sauce

Für 4 Portionen:

70 g Schalotten
2 Knoblauchzehen
5 El Olivenöl
2 El Tomatenmark mit Peperoni
150 ml Weißwein
50 ml trockener Wermut
400 g passierte Tomaten
Salz, Pfeffer
Fenchelsaat (grob zerstoßen)
500 g Penne
8 Riesengarnelen (à 25 g, ohne Kopf, mit Schale)
100 g Fenchel
Chilipulver
40 g schwarze Oliven (ohne Stein)
10 Basilikumblätter

1. Schalotten und Knoblauch pellen und in feine Würfel schneiden. 2 El Olivenöl erhitzen und Schalotten und Knoblauch darin andünsten. Tomatenmark zugeben, etwas anrösten und mit Weißwein und Wermut ablöschen. 2 Minuten bei mittlerer Hitze köcheln lassen. Die Tomaten zugeben, mit Salz, Pfeffer und Fenchelsaat würzen und 8–10 Minuten bei mittlerer Hitze leise kochen lassen.

2. Die Penne in reichlich kochendem Salzwasser bissfest garen. Die Garnelen waschen und bis zu den Schwanzspitzen schälen. Dann längs halbieren, das Ende aber nicht durchschneiden. Die Garnelen entdarmen.

3. Den Fenchel putzen und den Strunk entfernen. Fenchel in 2–3 mm dünne Streifen schneiden.

4. Das restliche Olivenöl in einer Pfanne erhitzen. Fenchel zugeben und andünsten. Die Garnelen zugeben und von beiden Seiten 1–2 Minuten anbraten. Mit Salz und Pfeffer würzen und die Garnelen herausnehmen. Die Tomatensauce mit Salz, Pfeffer und Chilipulver würzen. Oliven längs halbieren und zugeben.

5. Die Penne abgießen, abtropfen lassen und in die Pfanne mit dem Fenchel geben. Die Tomatensauce über die Nudeln gießen und die grob gezupften Basilikumblätter darüber streuen. Alles gut vermengen und in tiefen Tellern mit den Garnelen anrichten.

Zubereitungszeit: 1: 10 Stunden
Pro Portion 25 g E, 24 g F, 95 g KH = 728 kcal (3058 kJ)

Fleisch und Fisch

Gegrillt oder gedünstet, geschmort oder gebraten – Johann Lafer versteht es meisterhaft, Fisch und Lamm, Rind- und Kalbfleisch, Geflügel und Kaninchen mit italienischer Delikatesse zuzubereiten. Den Klassikern gibt er seine besondere Note, und seine Neuschöpfungen werden Sie begeistern

Gebratene Kaisergranate mit Bruschetta

Für 4 Portionen:

Bruschetta
400 g Tomaten
5 Knoblauchzehen
8 El Olivenöl
8 Scheiben Ciabatta
Salz, Pfeffer
12 Basilikumblätter

Kaisergranat
5 Knoblauchzehen
5 Zweige glatte Petersilie
12 Kaisergranate
8 El Olivenöl
abgeriebene Schale von ½ Zitrone
Salz, Pfeffer
Saft von ½ Zitrone

1. Für die Bruschetta die Tomaten überbrühen, abschrecken, häuten, längs vierteln, entkernen und in ½ cm große Würfel schneiden. Die Knoblauchzehen pellen und mit 5 El Olivenöl in ein schmales hohes Gefäß (z. B. Litermaß) geben und mit dem Schneidstab fein pürieren.

2. Das restliche Olivenöl in einer Pfanne erhitzen, die Brotscheiben hineinlegen und bei mittlerer Hitze von beiden Seiten goldbraun anbraten. Dann das Knoblauchöl zugeben und das Weißbrot nochmals darin wenden.

3. Weißbrot auf eine Platte geben und mit den Tomatenwürfeln gleichmäßig belegen. Mit Salz und Pfeffer würzen und mit Basilikumblättern bestreuen.

4. Für die gebratenen Kaisergranate die Knoblauchzehen pellen und grob hacken. Petersilienblätter abzupfen und grob hacken. Kaisergranate trockentupfen.

5. Das Olivenöl in einer großen Pfanne erhitzen. Die Krustentiere darin von allen Seiten bei mittlerer Hitze 3–4 Minuten braten. Nach 2 Minuten Knoblauch und Zitronenschale zugeben. Mit Salz und Pfeffer würzen. Zitronensaft und Petersilie zugeben und alles auf einer Platte anrichten. Mit Bruschetta servieren.

Zubereitungszeit: 45 Minuten
Pro Portion 20 g E, 50 g F, 25 g KH = 640 kcal (2688 kJ)

Meeresfrüchte-Pizza

Für 2 Portionen:

Teig
1 ½ Tl Salz
500 g Mehl
½ Tl Zucker
1 Würfel frische Hefe (42 g)
4 El Olivenöl
Mehl zum Bearbeiten

Tomatenragout
100 g Zwiebeln
2 Knoblauchzehen
2 El Olivenöl
½ Tl getrockneter Oregano
400 g stückige Tomaten (Dose oder Packung)
2 Zweige Basilikum
2 El Tomatenmark mit Peperoncini
Salz, Pfeffer

Belag
150 g Zwiebeln
4 Knoblauchzehen
300 g kleine Tintenfische (Kalmar/Sepia)
400 g Miesmuscheln
8 Riesengarnelenschwänze (ohne Schale, à 25 g)
2 Schalotten
1 kleine Knoblauchknolle
½ l Weißwein
5 Zweige Thymian
2 Zweige Estragon
1 Tl Pfefferkörner
250 g Mozzarella
3 El Olivenöl
140 g Gamberetti (geputzt, ersatzweise Grönland-Shrimps)
10 Basilikumblätter

1. Für den Teig zuerst das Salz, dann Mehl, Zucker, 250 ml lauwarmes Wasser, zerkrümelte Hefe und 3 El Olivenöl in eine Küchenmaschine geben und mit dem Knethaken zu einem glatten, geschmeidigen Teig kneten. Teig halbieren und zu 2 Kugeln formen. Auf ein bemehltes Blech legen und mit dem restlichen Olivenöl bestreichen. Mit Klarsichtfolie abdecken und an einem warmen Ort 30 Minuten gehen lassen.

2. Für das Tomatenragout Zwiebeln und Knoblauch pellen und fein würfeln. Olivenöl erhitzen, Zwiebeln, Knoblauch und Oregano darin andünsten. Tomaten und Basilikumzweige zugeben und alles bei mittlerer Hitze in 20–25 Minuten zu Mus einkochen. Basilikum entfernen, Tomatenmark zugeben, salzen und pfeffern. Beiseite stellen.

3. Für den Belag die Zwiebeln pellen, längs halbieren und in schmale Streifen schneiden. Knoblauch pellen und in feine Scheiben schneiden. Vom Tintenfisch den Kopf mit Armen entfernen. Die Haut abziehen und den Chitinstab herausziehen. Tintenfisch in 1 cm große Ringe schneiden. Die Muscheln in kaltem Wasser waschen und evtl. entbarten. Offene oder beschädigte Muscheln entfernen. Garnelen am Rücken einschneiden und entdarmen. Schalotten und Knoblauchknolle halbieren. Weißwein mit Schalotten, Knoblauch, Thymian, Estragon und Pfefferkörnern aufkochen. Muscheln in einen Dämpfeinsatz legen, über den Weißweinsud setzen und zugedeckt bei mittlerer Hitze 5 Minuten dämpfen. Muscheln herausnehmen und auf eine Platte geben. Tintenfisch und Riesengarnelen in den Dämpfeinsatz geben und zugedeckt 2 Minuten dämpfen. Mit einer Schaumkelle herausnehmen und auf eine Platte legen. Muschelfleisch auslösen, abtropfen lassen und beiseite stellen. Mozzarella abtropfen lassen, trockentupfen und in 3–4 mm dünne Scheiben schneiden.

4. Die Teigkugeln auf einer leicht bemehlten Arbeitsplatte auf 30 cm Ø ausrollen. 2 Pizzaformen (à 30 cm Ø) mit je ½ El Olivenöl auspinseln, Teig in die Form legen und am Rand leicht andrücken. Das Tomatenragout gleichmäßig darauf streichen, dabei einen 1 cm breiten Rand lassen. Zwiebeln, Knoblauch, Tintenfisch, Muscheln und Garnelen auf dem Ragout verteilen. Mozzarella und Gamberetti darüber geben und mit dem restlichen Olivenöl beträufeln. Im vorgeheizten Backofen auf der 1. Einschubleiste von unten bei 200 Grad (Gas 3, Umluft 180 Grad) 20–25 Minuten backen. Mit Basilikumblättern bestreuen und sofort servieren.

Zubereitungszeit:
1:50 Stunden
Pro Portion 135 g E, 86 g F, 196 g KH = 2256 kcal (9473 kJ)

Wolfsbarsch mit Kartoffeln und Artischocken

Für 4 Portionen:

Saft von 1 Zitrone
5 kleine Artischocken (Cimaroli)
600 g Kartoffeln
200 g Staudensellerie
100 g Schalotten
3 Knoblauchzehen
100 g schwarze Oliven (mit Stein)
300 g kleine Strauchtomaten
1,2 kg Wolfsbarsch (geschuppt und ausgenommen)
Salz, Pfeffer
8 Zweige Thymian
1 Zweig Rosmarin
2 Zweige Estragon
8 El Olivenöl
400 ml Fischfond
5 Zweige glatte Petersilie
100 ml Weißwein

1. Zitronensaft mit ½ l kaltem Wasser mischen. Die Stiele der Artischocken bis auf 3 cm abschneiden und schälen. Die äußeren harten Blätter entfernen und die Artischockenspitze abschneiden. Artischocken längs vierteln, eventuell Heu entfernen und sofort in das Zitronenwasser legen.

2. Kartoffeln schälen und in 2 cm große Würfel schneiden. Staudensellerie putzen, die Fäden abziehen und den Sellerie schräg in 2–3 cm große Stücke schneiden. Schalotten pellen und längs in feine Spalten schneiden. Knoblauch pellen und in dünne Scheiben schneiden. Oliven in einem Sieb abtropfen lassen. Strauchtomaten waschen und halbieren.

3. Den Fisch von innen und außen gut waschen und trockentupfen. Die Haut mit einem scharfen Messer auf beiden Seiten 3–4-mal einritzen. Den Fisch von innen und außen mit Salz und Pfeffer würzen. 3 Thymianzweige, Rosmarin und Estragon in die Bauchhöhle legen.

4. Das Olivenöl in einem Bräter erhitzen. Abgetropfte Artischocken, Kartoffeln und Sellerie bei starker Hitze 2–3 Minuten anbraten. Schalotten, Knoblauch und Oliven zugeben und kurz andünsten. Mit Salz und Pfeffer würzen und mit Fischfond auffüllen. Kurz aufkochen lassen und den restlichen Thymian zugeben. Den Fisch mit der Bauchseite nach unten auf das Gemüse legen. Zugedeckt im vorgeheizten Backofen auf der 1. Einschubleiste von unten bei 200 Grad (Gas 3, Umluft 170 Grad) 30–35 Minuten garen.

5. In der Zwischenzeit die Petersilienblätter abzupfen und fein hacken. 5 Minuten vor Garzeitende den Weißwein und die Strauchtomaten zugeben. Den Fisch aus dem Bräter nehmen und auf eine vorgewärmte Platte legen. Die Petersilie zum Gemüse geben und unterheben. Gemüse um den Fisch herum anrichten und servieren.

Zubereitungszeit: 1:30 Stunden
Pro Portion 65 g E, 44 g F, 39 g KH = 859 kcal (3609 kJ)

Fischragout mit Penne

Für 4 Portionen:

80 g Schalotten
2 Knoblauchzehen
100 g Möhren
100 g Knollensellerie
100 g Porree
8 Zweige Dill
5 El Olivenöl
1 El Currypulver
150 ml Weißwein
200 ml Fischfond
500 g Penne rigate
Salz
200 g Zanderfilet (ohne Haut und Gräten)
200 g Lachsfilet (ohne Haut und Gräten)
Pfeffer
200 g Doradenfilet (mit Haut, geschuppt, ohne Gräten)
150 ml Schlagsahne
20 g Butter

1. Schalotten und Knoblauch pellen. Die Schalotten in feine Scheiben schneiden und den Knoblauch fein hacken. Möhren und Sellerie schälen und in 3–4 mm große Würfel schneiden. Porree waschen und in 3–4 mm große Würfel schneiden. Die Dillspitzen von den Zweigen abzupfen und 4 schöne Dillspitzen beiseite legen. Die restlichen Dillspitzen fein hacken.

2. 2 El Olivenöl im Topf (mit Siebeinsatz) erhitzen und Schalotten und Knoblauch darin andünsten. Mit Curry bestäuben, leicht andünsten und mit Weißwein ablöschen. Mit Fischfond auffüllen und bei mittlerer Hitze 3 Minuten köcheln lassen.

3. Penne in reichlich kochendem Salzwasser bissfest kochen. Zander- und Lachsfilet in jeweils 4 gleich große Stücke schneiden, nebeneinander in den Dämpfeinsatz legen und über die Currysauce setzen. Mit Salz und Pfeffer würzen und zugedeckt bei mittlerer Hitze 5–6 Minuten dämpfen.

4. Doradenfilet in 4 gleich große Stücke schneiden. Zander und Lachs mit Dämpfeinsatz aus dem Topf nehmen, mit Alufolie abdecken und warm stellen. Zu der Currysauce die Sahne geben und 5 Minuten köcheln lassen.

5. Das restliche Olivenöl erhitzen und die Doradenfilets bei mittlerer Hitze kurz auf der Fleischseite anbraten. Dann wenden und 2–3 Minuten auf der Hautseite kross braten. Die Möhren-, Sellerie- und Porreewürfel zugeben und 1 Minute mitgaren. Mit Salz und Pfeffer würzen und mit gehacktem Dill bestreuen. Pfanne von der Kochstelle nehmen.

6. Penne abgießen und abtropfen lassen. Butter erhitzen, die Penne kurz darin anschwenken und mit Salz und Pfeffer würzen. Penne in tiefen Tellern anrichten. Die Currysauce mit dem Schneidstab fein pürieren und mit Salz würzen. Zander-, Lachs- und Doradenfilets auf den Nudeln anrichten. Die Currysauce über den gedämpften Fisch und die Nudeln gießen. Mit Dill garniert servieren.

Zubereitungszeit: 1:20 Stunden
Pro Portion 45 g E, 44 g F, 93 g KH = 982 kcal (4123 kJ)

Gefüllte Paprika mit Tomatensauce

Für 4 Portionen:

1 rote Paprikaschote (250 g)
1 gelbe Paprikaschote (250 g)
Füllung
250 g kleine Tintenfische (Kalmar/Sepia)
60 g Schalotten
2 Knoblauchzehen
2 Artischocken (à 400 g)
Saft von 1 Zitrone
100 g Zucchini
70 g Aubergine
1 Frühlingszwiebel
2 Scheiben Toastbrot
8 El Olivenöl
4 El weißer Aceto balsamico
Salz, Pfeffer
20 g frisch geriebener Parmesan
Tomatensauce
60 g Schalotten
2 Knoblauchzehen
1 El Olivenöl
1 El Tomatenmark mit Peperoni
50 ml Weißwein
400 g passierte Tomaten
Salz, Pfeffer

1. Die Paprika mit Stiel längs halbieren und entkernen. Von den Tintenfischen den Kopf mit Armen entfernen. Die Haut abziehen und den Chitinstab herausziehen. Tintenfische in ½ cm große Würfel schneiden. Schalotten und Knoblauch pellen und fein würfeln.

2. Von den Artischocken die Stiele abbrechen. Mit einem scharfen Sägemesser die äußeren harten Blätter rundherum abschneiden, bis der Boden sichtbar wird. Die verbliebenen inneren Blätter knapp über dem Boden abschneiden. Die am Boden verbliebenen Blattansätze mit einem kleinen scharfen Küchenmesser abschneiden. Das Heu mit einem Esslöffel aus dem Boden schaben. Böden in ½ cm große Würfel schneiden und mit Zitronensaft beträufeln. Zucchini und Aubergine putzen und in ½ cm große Würfel schneiden. Frühlingszwiebel putzen und schräg in ½ cm breite Röllchen schneiden. Toastbrot entrinden und in ½ cm große Würfel schneiden. 2 El Olivenöl erhitzen und die Toastbrotwürfel darin goldbraun rösten.

3. 2 El Olivenöl erhitzen, die Tintenfische darin kurz anbraten und in eine Schüssel geben. 2 El Olivenöl erhitzen und Schalotten, Knoblauch und Artischockenböden darin goldbraun anbraten. Mit Aceto balsamico ablöschen, leicht salzen und pfeffern und zu den Tintenfischen geben. Restliches Öl erhitzen und die Zucchini, Auberginen und Frühlingszwiebel darin anbraten. Mit Salz und Pfeffer würzen und in die Schale geben. Die Croûtons zugeben und alles gut mischen. Die Paprikahälften in eine Auflaufform (29x23 cm) setzen, die Füllung darin verteilen und mit Parmesan bestreuen.

4. Für die Sauce Schalotten und Knoblauch pellen und in feine Würfel schneiden. Das Olivenöl erhitzen und Schalotten und Knoblauch darin goldbraun anbraten. Tomatenmark zugeben, kurz anrösten und mit Weißwein ablöschen. Die Tomaten zugeben, mit Salz und Pfeffer würzen. Einmal aufkochen lassen und in der Auflaufform verteilen. Im vorgeheizten Backofen auf der 2. Einschubleiste von unten bei 180 Grad (Gas 2–3, Umluft 160 Grad) 30–35 Minuten garen.

Dazu passt Kartoffel-Olivenpüree (siehe folgendes Rezept).

Zubereitungszeit: 1:50 Stunden
Pro Portion 18 g E, 31 g F, 21 g KH = 447 kcal (1878 kJ)

Kartoffel-Oliven-Püree

Für 4 Portionen:

500 g mehlig kochende Kartoffeln
Salz
5 Zweige glatte Petersilie
100 ml Milch
Pfeffer, Muskatnuss
½ El Tapenade (schwarze Olivenpaste)

1. Die Kartoffeln mit Schale in kochendem Salzwasser 25 Minuten garen. Petersilienblätter abzupfen. 4 Blätter beiseite legen, die restlichen Blätter fein hacken. Die Kartoffeln abgießen, ausdämpfen lassen und pellen.

2. Milch erhitzen und mit Salz, Pfeffer und etwas Muskat würzen. Die Kartoffeln durch eine Presse in die heiße Milch drücken. Tapenade und gehackte Petersilie zugeben und mit einem Schneebesen glatt rühren. Mit Petersilie garniert zu den gefüllten Paprika servieren.

Zubereitungszeit: 40 Minuten
Pro Portion 3 g E, 2 g F, 20 g KH = 112 kcal (471 kJ)

Muschelragout mit Garnelen

Für 4 Portionen:

250 g Zwiebeln
150 g Staudensellerie
100 g Porree
5 Knoblauchzehen
3 kg Miesmuscheln
3 El Olivenöl
1 Lorbeerblatt
1 Tl Safranfäden
5 weiße Pfefferkörner (zerdrückt)
300 ml Weißwein
400 ml Fischfond
Chilipulver
16 Riesengarnelenschwänze (mit Schale, à 25 g)
60 g schwarze Oliven (ohne Stein)
300 g Tomaten
4 Zweige glatte Petersilie
1 Bund Schnittlauch
50 g frische Weißbrotbrösel
1 Zweig Dill

1. Die Zwiebeln pellen und in 1 cm große Stücke schneiden. Vom Staudensellerie die Fäden abziehen und den Sellerie schräg in 1 cm große Stücke schneiden. Porree putzen, waschen und in 1 cm große Stücke schneiden. Die Knoblauchzehen pellen und grob hacken. Die Muscheln unter fließendem kaltem Wasser waschen, die Bärte entfernen und die Muscheln mit einer Wurzelbürste säubern. Offene und beschädigte Muscheln aussortieren.

2. Das Olivenöl in einem Topf erhitzen. Zwiebeln, Staudensellerie, Porree und Knoblauch zugeben und andünsten. Dann Muscheln, Lorbeerblatt, Safran und Pfefferkörner zugeben. Mit Weißwein ablöschen und mit Fischfond auffüllen. Mit Chilipulver würzen und zugedeckt 5 Minuten bei mittlerer Hitze köcheln lassen; dabei den Topf einige Male schwenken, ohne den Deckel zu öffnen.

3. Die Muscheln in ein Sieb schütten und dabei den Sud auffangen. Den Sud um ⅓ einkochen lassen. In der Zwischenzeit das Muschelfleisch aus den Schalen lösen und mit den Gemüsestückchen in eine Schüssel geben. Die Garnelenschwänze aus den Schalen lösen, am Rücken einschneiden und den Darm entfernen.

4. Die Oliven gut abtropfen lassen und längs halbieren. Die Tomaten überbrühen, abschrecken, häuten, längs vierteln und entkernen. Die Petersilienblätter abzupfen und grob hacken. Schnittlauch in feine Röllchen schneiden.

5. Die Garnelen in den Sud geben und 1 Minute ziehen lassen. Dann Muschelfleisch, Oliven, Tomaten, Petersilie und Schnittlauch zugeben. Einmal kurz aufkochen und mit den Bröseln leicht binden. In tiefen Tellern anrichten, mit Dill bestreuen und servieren.

Dazu passt Ciabatta, mit Basilikumpesto und Pecorino überbacken.

Zubereitungszeit: 1:30 Stunden
Pro Portion 34 g E, 18 g F, 17 g KH = 432 kcal (1815 kJ)

Lammrücken mit dicken Bohnen

Für 4–6 Portionen:

250 g getrocknete dicke weiße Bohnen
1,5 kg Lammrücken (mit Knochen)
12 Knoblauchzehen
4 Zweige Rosmarin
12 Zweige Thymian
1 kleine Knoblauchknolle
1 große Schalotte
140 ml Olivenöl
Salz, Pfeffer
5 Zweige glatte Petersilie
100 g Zwiebeln (fein gewürfelt)
100 g Möhren (fein gewürfelt)
100 g Porree (fein gewürfelt)
40 g Butter

1. Für das Bohnengemüse die Bohnen über Nacht einweichen. Das Einweichwasser abgießen und die Bohnen mit frischem Wasser gut bedeckt 1 ½–2 Stunden bei mittlerer Hitze köcheln lassen.

2. Den Lammrücken von der dicken Fettschicht befreien. Die weiße Haut und das restliche Fett mit einem scharfen Messer dünn einritzen. Den Rücken am Rückgrat entlang ca. 2 cm tief einschneiden. Knoblauch pellen und die Hälfte der Zehen längs halbieren. Restliche Zehen fein würfeln. Halbierte Zehen, 2 Rosmarin- und 4 Thymianzweige in die Einschnitte stecken. Die Knoblauchknolle vierteln. Schalotte in 1 cm dicke Scheiben schneiden.

3. 40 ml Olivenöl in einer Pfanne erhitzen. Den Rücken zuerst auf der Fleischseite bei starker Hitze kurz anbraten, wenden, mit Salz und Pfeffer würzen. Knoblauchknolle, Schalotte, restliche Rosmarin- und 4 Thymianzweige zugeben. Den Rücken mit Kräutern, Knoblauch und Schalotte auf ein mit Alufolie belegtes Blech setzen. Im vorgeheizten Backofen auf der 2. Einschubleiste von unten bei 120 Grad 40–45 Minuten garen (Gas 1, Umluft 120 Grad).

4. In der Zwischenzeit für das Bohnengemüse vom restlichen Thymian und der Petersilie die Blätter abzupfen und fein hacken. Die Bohnen abgießen und gut abtropfen lassen. Das restliche Olivenöl in einer Pfanne erhitzen und Knoblauch, Zwiebeln, Möhren und Porree darin kurz andünsten. Die Bohnen zugeben und bei mittlerer Hitze 2–3 Minuten garen. Mit Salz und Pfeffer würzen. Mit Thymian und Petersilie bestreuen, durchschwenken und warm stellen.

5. Lammrücken aus dem Ofen nehmen und vom Knochen schneiden. Die Butter in einer Pfanne erhitzen und den ausgelösten Lammrücken auf der Hautseite darin kross nachbraten. Mit Salz und Pfeffer würzen. Lammrücken schräg in Stücke schneiden und mit dem Bohnengemüse anrichten. Evtl. mit Thymian garnieren.

Zubereitungszeit: 2 Stunden (plus Einweichzeit für die Bohnen)
Pro Portion (bei 6 Portionen) 49 g E, 92 g F, 23 g KH = 1125 kcal (4725 kJ)

Kalbfleisch-Involtini auf Tomatenragout

Für 4 Portionen:

80 g Schalotten
3 Knoblauchzehen
125 g Mozzarella
8 kleine Kalbsschnitzel (à 80 g)
Salz, Pfeffer
8 Scheiben Parmaschinken
4 El Pesto (Glas)
4 El Olivenöl
100 ml Weißwein
200 ml passierte Tomaten
4 Tomaten
5 Zweige glatte Petersilie
1 Zweig Kerbel

1. Die Schalotten und den Knoblauch pellen und in feine Würfel schneiden. Mozzarella abtropfen lassen, trockentupfen, längs halbieren und die Hälften in je 4 gleich große Stücke schneiden.

2. Die Kalbsschnitzel zwischen Klarsichtfolie mit einem Plattierer flach klopfen (2–3 mm dünn, 18x15 cm groß). Das Fleisch salzen und pfeffern. Auf jedes Fleischstück 1 Scheibe Schinken legen. Jeweils 1 Stück Mozzarella auf 1 Rouladenende legen und ½ El Pesto darauf geben. Die beiden Längsseiten der Fleischscheibe leicht einschlagen. Dann von der Breitseite zu einer Roulade aufrollen. Mit einem Holzstäbchen zustecken. Mit den restlichen Fleischscheiben ebenso verfahren.

3. Das Olivenöl in einer Pfanne erhitzen. Die Rouladen darin bei mittlerer Hitze von allen Seiten hellbraun anbraten. Mit Salz und Pfeffer würzen. Schalotten und Knoblauch zugeben und anbraten. Mit Weißwein ablöschen, 1 Minute einkochen lassen und mit den passierten Tomaten auffüllen. Zugedeckt 6–8 Minuten schmoren.

4. In der Zwischenzeit die frischen Tomaten blanchieren, abschrecken, häuten, vierteln und entkernen. Von der Petersilie die Blätter abzupfen und in feine Streifen schneiden. Die Tomatenviertel und Petersilie zum Ragout geben. Die Rouladen aus der Pfanne nehmen und schräg durchschneiden. Mit dem Tomatenragout auf Tellern anrichten. Mit abgezupften Kerbelblättern garnieren.

Dazu passt körnig gekochter Reis.

Zubereitungszeit: 1:10 Stunden
Pro Portion 52 g E, 54 g F, 5 g KH = 740 kcal (3110 kJ)

Gebratene Kalbsleber mit Vin-Santo-Birnen, Balsamico-Zwiebeln und Kartoffelpüree

Für 4 Portionen:

2 große mehlig kochende Kartoffeln (à 250 g)
Salz
Saft von 1 Zitrone
2 kleine feste grüne Kochbirnen
40 g Schalotten
60 g Zucker
150 ml Vin-Santo
Mark von ½ Vanilleschote
1 Zimtstange
150 g rote Zwiebeln
6 El Olivenöl
8 Scheiben Kalbsleber (à ca. 70 g)
100 g Mehl
Pfeffer
2 Zweige Thymian
1 Zweig Rosmarin
6 El Aceto balsamico
6 El roter Portwein
6 El Rotwein
5 Zweige glatte Petersilie
150 ml Milch
50 g Butter
1 El Trüffelöl

1. Für das Kartoffelpüree die Kartoffeln mit Schale in Salzwasser 10 Minuten garen und in Alufolie gewickelt im vorgeheizten Backofen auf der 2. Einschubleiste von unten bei 180 Grad (Gas 2–3, Umluft 160 Grad) 45–50 Minuten garen.

2. In der Zwischenzeit für die Vin-Santo-Birnen den Zitronensaft mit ½ l kaltem Wasser verrühren. Die Birnen halbieren, längs in 6 Spalten schneiden, entkernen und mit einem kleinen Küchenmesser noch etwas rund schneiden. Sofort in das Zitronenwasser legen.

3. Schalotten pellen und in feine Würfel schneiden. 50 g Zucker in einer Pfanne schmelzen und die Schalotten zugeben. Mit Vin-Santo ablöschen, Vanillemark und Zimtstange zugeben und 5 Minuten bei mittlerer Hitze köcheln lassen. Birnen in einem Sieb abtropfen lassen und im Vin-Santo bei milder Hitze 5–8 Minuten köcheln lassen. Im Sud warm stellen.

4. Die Zwiebeln pellen und in feine Würfel schneiden. 4 El Olivenöl in einer großen Pfanne erhitzen. Die Leberscheiben im Mehl wenden und das überschüssige Mehl abklopfen. Die Leberscheiben von beiden Seiten kurz anbraten, leicht pfeffern, aus der Pfanne nehmen und warm stellen.

5. Restliches Olivenöl in die Pfanne geben, die Zwiebeln zugeben und mit Thymian und Rosmarin andünsten. Restlichen Zucker zugeben, schmelzen lassen und mit Aceto balsamico ablöschen. Portwein und Rotwein zugeben, salzen und pfeffern und bei mittlerer Hitze leicht dickflüssig einkochen lassen. Die Petersilienblätter abzupfen (4 Blätter beiseite legen) und grob hacken.

6. In der Zwischenzeit für das Kartoffelpüree die Milch mit 30 g Butter, Trüffelöl, Salz und Pfeffer erwärmen. Die Kartoffeln aus der Folie wickeln, pellen und durch die Kartoffelpresse in die heiße Milch drücken. Mit dem Schneebesen gut verrühren und warm stellen.

7. Die Leberscheiben zu den Balsamico-Zwiebeln geben, leicht salzen und 1–2 Minuten bei mittlerer Hitze zu Ende garen, dabei die Leberscheiben 1–2-mal wenden. Die Kräuter entfernen, die restliche Butter einrühren. Mit Petersilie bestreuen und mit dem Püree und den Vin-Santo-Birnen anrichten . Mit Petersilienblättern garnieren.

Zubereitungszeit: 1:20 Stunden
Pro Portion 35 g E, 37 g F, 65 g KH = 777 kcal (3263 kJ)

Gefülltes Rinderfilet mit Kürbis-Rahm-Gemüse

Für 6 Portionen:

Rinderfilet

4 Schalotten (ca. 100 g)
1 Knoblauchknolle
100 g Zucchini
100 g Staudensellerie
100 g Fenchel
100 g Porree
5 El Olivenöl
1 El mittelscharfer Senf
100 ml Weißwein
Salz, Pfeffer
3 Zweige glatte Petersilie
3 Zweige Thymian
1,2 kg Rinderfilet (aus der Mitte geschnitten)
1 Zweig Rosmarin

Kürbis-Rahm-Gemüse

60 g Schalotten
800 g Muskatkürbisfleisch (geschält, ohne Kerne)
50 g Butter
2 El weißer Aceto balsamico
200 ml Geflügelfond
200 ml Schlagsahne
Salz, Pfeffer
5 Zweige glatte Petersilie
1–2 Tl Speisestärke
Chilipulver
6 dünne Scheiben Pancetta (ersatzweise durchwachsener Speck)

1. Für die Füllung 3 Schalotten pellen und fein würfeln. Aus der Knoblauchknolle 3 Zehen auslösen, pellen und fein würfeln. Zucchini, Sellerie, Fenchel und Porree putzen und in 3–4 mm große Würfel schneiden.

2. 2 El Olivenöl erhitzen und das Gemüse mit Knoblauch und Schalotten darin andünsten. Den Senf zugeben, mit Weißwein auffüllen und bei mittlerer Hitze so lange einkochen, bis alle Flüssigkeit verdampft ist. Mit Salz und Pfeffer würzen. Von Petersilie und 1 Thymianzweig die Blätter abzupfen und fein hacken. Zum Gemüse geben, unterheben und abkühlen lassen.

3. Restliche Schalotte und Knoblauchknolle mit Schale längs vierteln. Das Rinderfilet wie einen Rollbraten längs aufschneiden und etwas flach klopfen, salzen und pfeffern. Das Gemüse gleichmäßig auf das Rinderfilet streichen. Das Filet der Länge nach zur Roulade aufrollen und mit Küchengarn zusammenbinden.

4. Das restliche Öl in einer Pfanne erhitzen und das Filet bei starker Hitze von allen Seiten gut anbraten. Mit Salz und Pfeffer würzen. Schalotte, Knoblauch, restliche Thymianzweige und Rosmarin zugeben und kurz mitbraten. Filet mit Schalotte, Knoblauch und Kräutern auf ein mit Alufolie belegtes Backblech geben. Im vorgeheizten Backofen auf der 2. Einschubleiste von unten bei 120 Grad je nach Fleischdicke 1–1 ½ Stunden garen.

5. In der Zwischenzeit für das Kürbis-Rahm-Gemüse die Schalotten pellen und in feine Würfel schneiden. Den Kürbis auf der Küchenreibe grob raspeln. Die Butter erhitzen und die Schalotten darin andünsten. Das Kürbisfleisch zugeben und kurz dünsten. Mit Aceto balsamico ablöschen und mit Geflügelfond und Sahne auffüllen. Mit Salz und Pfeffer würzen und zugedeckt bei mittlerer Hitze 10–15 Minuten kochen lassen.

6. Petersilienblätter abzupfen, 6 Blätter beiseite legen und die restlichen Blätter fein hacken. Speisestärke mit 4 El kaltem Wasser verrühren und das Gemüse damit binden. Gehackte Petersilie zugeben und mit Chilipulver abschmecken. Warm stellen.

7. Pancetta in einer Pfanne kross braten. Vom Rinderfilet das Küchengarn entfernen. Filet in 12 gleich große Scheiben schneiden. Kürbis-Rahm-Gemüse auf flachen Tellern gleichmäßig verteilen und je 2 Scheiben Rinderfilet und 1 Scheibe Pancetta darauf anrichten. Mit Petersilie garniert servieren.

Zubereitungszeit: 1:50 Stunden
Pro Portion 49 g E, 55 g F, 14 g KH = 769 kcal (3228 kJ)

Vitello tonnato

Für 4 Portionen:

150 g Möhren
150 g Knollensellerie
1 Zwiebel
100 g Porree
800 g Kalbfleisch (Nuss oder Frikandeau)
Salz
2 Lorbeerblätter
1 Zweig Rosmarin
1 rote Chilischote
½ El weiße Pfefferkörner
1 kleines Bund glatte Petersilie
2 Zweige Estragon
1 Bund Schnittlauch
5 El Olivenöl mit Zitrone
1 El Meersalz

Thunfischsauce

½ Tl mittelscharfer Senf
1 Tl Zitronensaft
1 Ei (Kl. M)
180 ml Olivenöl
2 Eigelb von hart gekochten Eiern (Kl. M)
150 g Thunfisch in Öl (abgetropft)
2 Sardellenfilets (abgespült)
5 Cornichons
2 El Kapern
Salz, Pfeffer
Chilipulver
8 Kirschtomaten
1 Zweig Kerbel
bunter Blattsalat zum Dekorieren

1. Möhren und Sellerie schälen und in grobe Würfel schneiden. Zwiebel pellen und grob würfeln. Porree putzen, waschen und in grobe Stücke schneiden.

2. Das Kalbfleisch in 3 l leicht kochendes Salzwasser geben. Möhren, Sellerie, Zwiebel, Porree, Lorbeerblätter, Rosmarin, Chilischote und Pfefferkörner zugeben. Bei mittlerer Hitze (nicht kochen!) 1 ½ Stunden garen. Anschließend das Fleisch in der Brühe abkühlen lassen.

3. Von der Petersilie und dem Estragon die Blätter abzupfen und fein hacken. Schnittlauch in feine Röllchen schneiden. Die Kräuter in eine Schüssel geben und mit dem Olivenöl verrühren. Das ausgekühlte Kalbfleisch in das Kräuteröl geben, mehrmals darin wenden und mit Meersalz bestreuen. Abgedeckt ½ Stunde in den Kühlschrank stellen.

4. Senf, Zitronensaft, Ei und Olivenöl in ein schmales hohes Gefäß (z. B. Litermaß) geben. Mit dem Schneidstab langsam von unten nach oben durchmixen, bis eine cremig-dickliche Mayonnaise entsteht. Hart gekochtes Eigelb, Thunfisch und Sardellen zugeben und zu einer glatten Sauce mixen. 4–6 El von der abgekühlten Kalbsbrühe zugeben, bis eine leicht fließende Konsistenz entsteht. Die Cornichons fein hacken und mit den Kapern zugeben. Mit Salz, Pfeffer und Chilipulver abschmecken.

5. Das Kalbfleisch in dünne Scheiben schneiden, auf einer Platte anrichten und mit Thunfischsauce übergießen. Mit halbierten Kirschtomaten, abgezupften Kerbelblättern und buntem Blattsalat garnieren.

Zubereitungszeit: 2:30 Stunden
Pro Portion 55 g E, 74 g F, 5 g KH = 939 kcal (3944 kJ)

Gefüllte Lammkeule mit Senfkruste und Fenchelgemüse

Für 4–6 Portionen:

Lammkeule
150 g Weißbrot
80 g Schalotten
1 kleine Knoblauchknolle
3 Zweige Rosmarin
50 g getrocknete Tomaten (ohne Öl)
30 g schwarze Oliven (ohne Stein)
50 g Butter
100 g Blauschimmelkäse
1 Ei (Kl. M)
Salz, Pfeffer
1,2 kg Lammkeule ohne Knochen (beim Fleischer vorbestellen)
5 El Olivenöl
5 Zweige Thymian
5 Zweige glatte Petersilie
10 Zweige Kerbel
3 El scharfer Senf

Fenchelgemüse
200 g Tomaten
2 Fenchelknollen mit Grün (ca. 600 g)
70 g Schalotten
2 Knoblauchzehen
4 El Olivenöl
5 El Weißwein
2 El Wermut
100 ml Lammfond
150 ml Schlagsahne
Salz
Chilipulver

1. Für die Füllung 100 g Weißbrot mit Rinde in 1 cm große Würfel schneiden. Schalotten pellen und längs in dünne Spalten schneiden. Aus der Knoblauchknolle 2 Zehen auslösen, pellen und fein hacken. Von 1 Rosmarinzweig die Nadeln abstreifen und fein hacken. Die Tomaten in 1–2 mm dünne Streifen schneiden. Die Oliven längs vierteln.

2. Die Butter erhitzen und Weißbrot, Schalotten, Knoblauch, gehackten Rosmarin und Tomaten 3–4 Minuten braten, bis das Brot etwas Farbe annimmt. In eine Schüssel geben und abkühlen lassen. Den Käse mit einer Gabel fein zerdrücken. Käse, Oliven und Ei mit der Brotmasse gut mischen. Mit Salz und Pfeffer abschmecken.

3. Die Lammkeule mit einem Messer von der dicken Fettschicht befreien, aufschneiden, auseinander klappen und mit der aufgeschnittenen Fleischseite nach oben auf die Arbeitsfläche legen. Das dicke Muskelfleisch zweimal längs einschneiden und etwas flach klopfen. Die Füllung auf die Mitte der Lammkeule 2–3 cm hoch aufstreichen. Das Fleisch über der Füllung zusammenklappen und mit Küchengarn zusammenbinden. Mit Salz und Pfeffer würzen.

4. Die restliche Knoblauchknolle längs vierteln. Das Olivenöl in einer Pfanne erhitzen und die Lammkeule von allen Seiten gut anbraten. Knoblauch, restliche Rosmarinzweige und 3 Zweige Thymian zugeben und im vorgeheizten Backofen auf der 2. Einschubleiste von unten bei 150 Grad (Gas 1, Umluft 150 Grad) je nach Fleischdicke 70–80 Minuten garen.

5. Für die Senfkruste vom restlichen Thymian, der Petersilie und dem Kerbel die Blätter abzupfen, fein hacken und mit dem Senf verrühren. Vom restlichen Weißbrot die Rinde abschneiden. Weißbrot grob würfeln und im Küchenmixer (z. B. Moulinette) fein zerkrümeln.

6. Für das Fenchelgemüse die Tomaten überbrühen, abschrecken, häuten, vierteln und entkernen. Die Viertel nochmals halbieren. Den Fenchel putzen, längs halbieren und den Strunk keilförmig herausschneiden. Das Fenchelgrün abschneiden und fein hacken. Fenchel in ½ cm dicke Spalten schneiden. Schalotten und Knoblauch pellen und fein würfeln.

7. Das Olivenöl in einer Pfanne erhitzen, Fenchelspalten darin 1–2 Minuten anbraten und mit einer Schaumkelle wieder aus der Pfanne nehmen. Schalotten und Knoblauch in die Pfanne geben und im verbliebenen Öl anschwitzen. Mit Weißwein und Wermut ablöschen. Lammfond und Sahne zugeben und bei mittlerer Hitze auf die Hälfte einkochen lassen. Mit Salz und Chilipulver würzen.

8. Die fertig gegarte Lammkeule aus dem Ofen nehmen und das Küchengarn entfernen. Die Kräuter-Senf-Paste gleichmäßig auf die Lammkeule streichen und mit den Weißbrotkrümeln bestreuen. Auf der 2. Einschubleiste von unten unter dem heißen Backofengrill in 3–4 Minuten goldbraun überbacken.

9. In der Zwischenzeit den Fenchel in die reduzierte Sahne geben und kurz aufkochen lassen. Die Tomatenstreifen und die Hälfte des Fenchelgrüns zugeben, unterheben und von der Kochstelle nehmen. Die Lammkeule in Scheiben schneiden und mit dem Fenchelgemüse anrichten. Mit dem restlichen Fenchelgrün bestreut servieren.

Zubereitungszeit: 2:20 Stunden
Pro Portion (bei 6 Portionen) 45 g E, 79 g F, 20 g KH = 998 kcal (4192 kJ)

Gebratenes Schweinefilet mit Pilzen und Steinpilzpolenta

Für 4 Portionen:

Steinpilzpolenta
30 g getrocknete Steinpilze
½ kleine Knoblauchzehe
1 Schalotte
1 Zweig Rosmarin
3 Zweige Thymian
Salz, Pfeffer
50 g Polentagrieß
20 g Butter
3 El geschlagene Sahne
20 g frisch geriebener Parmesan

Schweinefilet und Pilze
6 Scheiben Pancetta (ersatzweise durchwachsener Speck)
200 g Champignons
200 g Austernpilze
70 g Schalotten
2 Knoblauchzehen
1 Bund Frühlingszwiebeln
5 Zweige glatte Petersilie
½ Bund Schnittlauch
1 Zweig Salbei
4 El Olivenöl
400 g Schweinefilet (20 Scheiben, ca. ½ cm dick)
Salz, Pfeffer
30 g Butter
20 g frisch geraspelter Parmesan

1. Die Steinpilze in 400 ml lauwarmem Wasser 20 Minuten einweichen. Dann gut ausdrücken und grob zerschneiden. Das Steinpilzwasser (ca.350 ml) durch einen Kaffeefilter passieren und mit Knoblauch, halbierter Schalotte, Rosmarin und Thymian 5 Minuten bei mittlerer Hitze köcheln lassen. 10 Minuten ziehen lassen, Knoblauch, Schalotte und Kräuter wieder entfernen. Mit Salz und Pfeffer würzen. Den Steinpilzfond aufkochen, Polentagrieß einrieseln lassen und unter ständigem Rühren mit dem Schneebesen glatt rühren. Steinpilzstücke zugeben und bei kleiner Hitze 10–15 Minuten quellen lassen, dabei mehrmals mit dem Holzlöffel gut durchrühren. Die Butter zugeben und unterrühren. Kurz vor dem Servieren die Sahne unterheben. Mit Parmesan bestreuen.

2. Die Pancettascheiben quer halbieren. Die Champignons putzen und längs vierteln. Die Austernpilze putzen und in 4–5 cm große Stücke schneiden. Schalotten und Knoblauch pellen und in feine Würfel schneiden. Frühlingszwiebeln putzen und schräg in ½ cm große Stücke schneiden. Petersilienblätter abzupfen (10 Blätter beiseite legen) und grob hacken. Schnittlauch in feine Röllchen schneiden. Salbeiblätter grob hacken.

3. Die Hälfte des Olivenöls in einer Pfanne erhitzen und den Pancetta bei mittlerer Hitze von beiden Seiten goldbraun braten, herausnehmen und warm stellen. Restliches Olivenöl in die Pfanne geben und die Schweinefiletscheiben von beiden Seiten kurz anbraten, mit Salz und Pfeffer würzen und warm stellen. In der Pfanne im verbliebenen Olivenöl die Pilze mit Schalotten und Knoblauch anbraten. Die Butter zugeben und die Pilze bei starker Hitze goldbraun braten. Dann Pancetta, Schweinefilet, Frühlingszwiebeln, gehackte Petersilie, Schnittlauch und Salbei zugeben. Kurz mitgaren, mit Salz und Pfeffer würzen. Parmesan zugeben und auf flachen Tellern mit der Steinpilzpolenta anrichten. Mit Petersilienblättern bestreuen.

Zubereitungszeit: 1 Stunde
Pro Portion 35 g E, 60 g F, 15 g KH = 737 kcal (3096 kJ)

Barolo-Schmorbraten

Für 6 Portionen:

250 g Möhren
250 g Staudensellerie
100 g Knollensellerie
100 g Zwiebeln
3 Knoblauchzehen
1,5 kg Rinderbraten (Oberschale)
0,7 l Barolo
Salz, Pfeffer
4 El Olivenöl
2 El Tomatenmark

1. Möhren schälen und in 3–4 mm große Würfel schneiden. Staudensellerie waschen, die Fäden abziehen und den Sellerie in 3–4 mm große Würfel schneiden. Knollensellerie schälen und in 3–4 mm große Würfel schneiden. Zwiebel und Knoblauch pellen und in 3–4 mm große Würfel schneiden. Fleisch mit dem Gemüse in einen großen Gefrierbeutel geben und mit Barolo auffüllen. Den Beutel verschließen, in den Kühlschrank legen und das Fleisch 24 Stunden marinieren.

2. Das Fleisch mit der Marinade in ein Sieb geben, Marinade auffangen. Fleisch trockentupfen und mit Salz und Pfeffer würzen. Olivenöl in einem Bräter erhitzen und das Fleisch von allen Seiten darin anbraten. Abgetropftes Gemüse zugeben und andünsten. Tomatenmark zugeben und kurz anrösten. Marinade zugießen und einmal aufkochen lassen. Bräter zudecken und das Fleisch im vorgeheizten Backofen auf der 2. Einschubleiste von unten bei 180 Grad (Gas 2–3, Umluft 160 Grad) 2–2 ½ Stunden garen.

3. Das Fleisch aus der Sauce nehmen. ⅓ des Gemüses mit der Schaumkelle aus dem Fond heben. Das restliche Gemüse mit dem Schneidstab fein pürieren und den Fond damit binden. Sauce mit Salz und Pfeffer abschmecken und das beiseite gelegte Gemüse darin erhitzen. Den Braten aufschneiden und mit der Gemüsesauce anrichten. Mit Polenta (siehe folgendes Rezept) servieren.

Zubereitungszeit: 3 Stunden (plus Marinierzeit)
Pro Portion 48 g E, 39 g F, 7 g KH = 655 kcal (2751 kJ)

Polenta

Für 6 Portionen:

800 ml Rinderfond
150 g Maisgrieß (Polentagrieß)
5 Zweige glatte Petersilie
30 g frisch geriebener Parmesan
30 g weiche Butter

1. Rinderfond aufkochen. Den Grieß einrieseln lassen und mit dem Schneebesen gut unterrühren. Den Topf schließen. Die Polenta bei milder Hitze ½ Stunde ziehen lassen, dabei ab und zu sorgfältig mit einem Holzlöffel durchrühren.

2. Petersilienblätter abzupfen und fein hacken. Unter die Polenta Parmesan, Butter und Petersilie rühren. Zum Barolo-Schmorbraten servieren.

Zubereitungszeit: 40 Minuten
Pro Portion 6 g E, 7 g F, 19 g KH = 170 kcal (714 kJ)

Schweinefilet im Zucchinimantel

Für 4 Portionen:

1 Bund Schnittlauch
1 Schweinefilet (ca. 500 g)
1 Zucchini (300 g)
2 Schalotten
1 kleine Knoblauchknolle
5 El Olivenöl
Salz, Pfeffer
2 Zweige Rosmarin
5 Zweige Thymian
150 ml kalte Schlagsahne
40 g frisch geriebener Parmesan

1. Schnittlauch in feine Röllchen schneiden. Schweinefilet von Haut und Sehnen befreien. Filetspitze und ein Stück vom Filetkopf (insgesamt ca. 180 g) abschneiden, in kleine Würfel schneiden und ca. 15 Minuten in das Gefrierfach legen.

2. In der Zwischenzeit von der Zucchini mit dem Sparschäler der Länge nach 8 dünne Scheiben abschneiden. Die Schalotten und den Knoblauch mit Schale längs halbieren. Das Olivenöl in einer Pfanne erhitzen. Schweinefilet von allen Seiten gut anbraten und mit Salz und Pfeffer würzen. Schalotten, Knoblauch, Rosmarin und Thymian zugeben und kurz mitbraten. Pfanne vom Herd nehmen und das Filet im Öl leicht abkühlen lassen.

3. Die kalten Filetwürfel in einen Mixer geben und mit Salz und Pfeffer würzen. Die Sahne zugeben und alles zu einer glatten Farce mixen. Farce in eine Schale geben, Schnittlauch und Parmesan unterheben. Mit Pfeffer abschmecken.

4. 1 Stück Alufolie (45x45 cm) dünn mit Farce bestreichen. Die Zucchinischeiben an der langen Seite leicht überlappend darauf legen. Die restliche Farce gleichmäßig (ca. 18x20 cm) auf die Zucchinischeiben streichen. Das Schweinefilet mit Küchenpapier gut trockentupfen und quer auf die Zucchinischeiben legen. Leicht andrücken und alles mit Hilfe der Alufolie aufrollen. Die Enden wie ein Bonbon fest zudrehen, die Folie mit einer Fleischgabel rundherum einstechen.

5. Das Fleischpaket zurück in die Pfanne legen, mehrmals wenden, damit das Kräuteröl durch die Löcher eindringen kann. Im vorgeheizten Backofen bei 160 Grad auf der 2. Einschubleiste von unten 55–60 Minuten garen (Gas 1–2, Umluft 50–55 Minuten bei 150 Grad). Filet aus dem Ofen nehmen und 5 Minuten in der Folie eingewickelt ruhen lassen. Dann vorsichtig aus der Alufolie wickeln und in 8 gleiche Stücke schneiden. Mit Paprikasauce und Rosmarinkartoffeln servieren.

Zubereitungszeit: 1:50 Stunden
Pro Portion 34 g E, 30 g F, 10 g KH = 445 kcal (1862 kJ)

Paprikasauce

Für 4 Portionen:

2 Schalotten
3 Knoblauchzehen
2 rote Paprikaschoten
3 El Olivenöl
2 Zweige Thymian
100 ml Weißwein
300 ml Geflügelfond
20 g kalte Butter
Salz, Pfeffer

1. Schalotten, Knoblauch pellen und fein würfeln. Paprika längs vierteln, entkernen und grob würfeln.

2. Öl erhitzen. Schalotten und Knoblauch darin andünsten. Paprika und abgezupfte Thymianblätter zugeben und andünsten. Mit Wein ablöschen, Fond zugießen, bei mittlerer Hitze 15 Minuten offen köcheln lassen.

3. Die Sauce mit dem Schneidstab fein pürieren und durch ein feines Sieb streichen. Sauce einmal aufkochen lassen, Butter zugeben und mit dem Schneidstab untermixen. Mit Salz und Pfeffer abschmecken.

Zubereitungszeit: 30 Minuten
Pro Portion 2 g E, 12 g F, 4 g KH = 133 kcal (558 kJ)

Rosmarinkartoffeln

Für 4 Portionen:

600 g kleine fest kochende Kartoffeln
Salz
4 El Olivenöl
1 Zweig Rosmarin
schwarzer Pfeffer

1. Kartoffeln in Salzwasser 20 Minuten kochen, abgießen, ausdämpfen lassen und pellen. Etwas abkühlen lassen.

2. Kartoffeln halbieren. Öl in einer Pfanne erhitzen. Kartoffeln darin bei mittlerer Hitze in 6–8 Minuten goldbraun braten. Rosmarinnadeln zugeben. Mit Salz und Pfeffer würzen.

Zubereitungszeit: 45 Minuten
Pro Portion 2 g E, 10 g F, 18 g KH = 174 kcal (730 kJ)

Kalbsleber „Venezianische Art“ mit Polenta

Für 4 Portionen:

1 Knoblauchzehe
400 ml Geflügelfond
1 Zweig Thymian
1 Zweig Rosmarin
50 g Polentagrieß
300 g Zwiebeln
5 Zweige glatte Petersilie
500 g Kalbsleber (in Scheiben)
4 El Olivenöl
Pfeffer
Salz
30 g frisch geriebener Parmesan
20 g Butter
3 El geschlagene Sahne

1. Für die Polenta die Knoblauchzehe pellen und längs halbieren. Den Geflügelfond mit Knoblauch, Thymian und Rosmarin 3–4 Minuten leise kochen lassen. Dann Knoblauch und Kräuter herausnehmen. Den Polentagrieß in den kochenden Fond einrieseln lassen und unter ständigem Rühren mit dem Schneebesen glatt rühren. Bei kleiner Hitze 15–20 Minuten quellen lassen, dabei mehrmals mit dem Holzlöffel gut durchrühren.

2. In der Zwischenzeit für die Leber die Zwiebeln pellen, längs halbieren und in ½ cm dicke Spalten schneiden. Petersilienblätter abzupfen und grob hacken.
Die Kalbsleber in 2–3 cm große Stücke schneiden.

3. Olivenöl in einer großen Pfanne erhitzen und die Zwiebeln bei mittlerer Hitze goldbraun anbraten. Die Zwiebeln zum Rand der Pfanne schieben und die Leber zugeben. Bei mittlerer Hitze 2 Minuten braten und dann mit den Zwiebeln mischen. Mit Pfeffer würzen und mit Petersilie bestreuen.
Von der Kochstelle nehmen und zugedeckt 2–3 Minuten gar ziehen lassen. Deckel abnehmen und die Leber mit Salz würzen.

4. Polenta mit Parmesan und Butter verrühren. Dann vorsichtig die Sahne unterheben. Polenta mit der Leber auf flachen Tellern servieren.

Zubereitungszeit: 50 Minuten
Pro Portion 35 g E, 37 g F, 65 g KH = 777 kcal (3263 kJ)

Geschmorte Lammstelzen auf Bohnengemüse

Für 4 Portionen:

250 g getrocknete dicke weiße Bohnen
4 kleine Lammstelzen (à 400 g)
1 kleines Bund glatte Petersilie
1 Bund Zitronenmelisse
1 Zweig Rosmarin
abgeriebene Schale von ½ Zitrone
100 ml Olivenöl
Pfeffer
50 g Schalotten
3 Knoblauchzehen
Salz
100 ml Weißwein
1,5 l Lammfond
120 g Pancetta (ersatzweise durchwachsener Speck)
1 Bund Frühlingszwiebeln
4 Tomaten

1. Die Bohnen am Vortag in kaltem Wasser einweichen. Die Lammstelzen von Fett und Sehnen befreien. Mit einem schmalen Messer am Knochen entlang 8–10 cm tief in das Fleisch stechen und das Fleisch 3–4 cm vom Knochen lösen, damit eine Tasche entsteht.

2. Petersilien- und Zitronenmelisseblätter und Rosmarinnadeln grob hacken. Bis auf 1 El Petersilie mit Zitronenschale, 60 ml Öl und Pfeffer in ein hohes Gefäß geben und mit dem Schneidstab fein pürieren. Jeweils ½ El in die Taschen der Lammstelzen füllen. Mit der restlichen Masse die Lammstelzen bestreichen.

3. Schalotten und Knoblauch pellen und in feine Würfel schneiden. Das restliche Olivenöl in einem Bräter erhitzen. Die Lammstelzen hineinlegen und bei mittlerer Hitze von allen Seiten gut anbraten. Mit Salz und Pfeffer würzen. Schalotten und Knoblauch zugeben und leicht glasig andünsten. Die Lammstelzen herausnehmen und warm stellen. Schalotten und Knoblauch mit Weißwein ablöschen und mit 750 ml Fond auffüllen. Die eingeweichten Bohnen abgießen und zugeben. Zugedeckt 1 Stunde bei mittlerer Hitze garen.

4. Dann restlichen Fond und Lammstelzen zugeben, aufkochen lassen und offen im vorgeheizten Backofen auf der 2. Einschubleiste von unten bei 180 Grad 1 ½ Stunden garen (Gas 2–3, Umluft 160 Grad); dabei das Fleisch 4–5-mal wenden.

5. Pancetta in feine Streifen schneiden. Frühlingszwiebeln putzen und nur das Weiße und Hellgrüne schräg in dünne Ringe schneiden. Tomaten blanchieren, abschrecken, häuten, vierteln und entkernen.

6. Pancetta in einer beschichteten Pfanne ohne Fett knusprig braten, die restliche Petersilie unterheben. Lammstelzen aus dem Ofen nehmen, Frühlingszwiebeln und Tomaten zugeben und kurz aufkochen. Das Gemüse mit Salz und Pfeffer abschmecken und die Lammstelzen mit dem Gemüse und den Pancettastreifen servieren.

Zubereitungszeit: 3 Stunden
(plus Einweichzeit für die Bohnen)
Pro Portion 38 g E, 89 g F, 32 g KH = 1131 kcal (4753 kJ)

Pollo alla diavola mit gerösteten Kartoffeln

Für 4 Portionen:

1 Knoblauchknolle
1 Maispoularde (1,5 kg)
3 Zweige Rosmarin
Salz, Pfeffer
400 g grobes Meersalz
2 Lorbeerblätter
2 Zweige Thymian
3 El Olivenöl mit Zitrone
80 g Schalotten
2 Knoblauchzehen
150 g Staudensellerie
500 g kleine fest kochende Kartoffeln
5 El Olivenöl

1. Knoblauchknolle längs vierteln. Die Poularde mit einer Küchenschere am Rücken entlang durchschneiden, aufklappen und flach drücken. Von 1 Rosmarinzweig 6 größere Nadelstücke abzupfen und unter die Geflügelhaut schieben. Die Hautseite mit Salz und Pfeffer, die Fleischseite nur mit Pfeffer würzen.

2. Das Meersalz mit Knoblauch, restlichem Rosmarin, Lorbeerblättern und Thymian auf ein Backblech geben. Die Poularde mit der Hautseite nach oben auf das Salzbett legen, mit Alufolie abdecken und mit einem schweren Deckel bedecken. Im vorgeheizten Backofen auf der 2. Einschubleiste von unten bei 220 Grad (Gas 3–4, Umluft 200 Grad) 30 Minuten garen. Dann den Deckel und die Alufolie entfernen. Hähnchen mit Zitronen-Olivenöl bestreichen und bei 200 Grad weitere 25–30 Minuten knusprig braten (Gas 3, Umluft 180 Grad).

3. Für die gerösteten Kartoffeln die Schalotten pellen und in feine Streifen schneiden. Den Knoblauch pellen und in feine Scheiben schneiden. Den Staudensellerie putzen, die Fäden abziehen und den Sellerie in 3–4 mm breite Stücke schneiden. Die Kartoffeln gut waschen und mit Schale längs halbieren.

4. Alle Zutaten in eine ofenfeste Pfanne geben und mit Olivenöl gut mischen. Mit Salz und Pfeffer würzen. Nach 15 Minuten Garzeit der Poularde die Kartoffeln mit einem Gitter auf den Backofenboden stellen, mit der Poularde zu Ende garen.

5. Vor dem Servieren das Salz von der Poularde entfernen. Das Hähnchen am Brustbein entlang halbieren und die Hälften nochmals zwischen Keule und Brust teilen. Mit den gerösteten Kartoffeln servieren.

Zubereitungszeit: 1:20 Stunden
Pro Portion 58 g E, 47 g F, 17 g KH = 718 kcal (3000 kJ)

Überbackene Maccheroni mit Morchel-Hähnchen-Ragout

Für 4 Portionen:

30 g getrocknete Morcheln
600 g Hähnchenbrustfilet (ohne Haut)
4 El Olivenöl
70 g Butter
Salz, Pfeffer
150 g Schalotten
2 Knoblauchzehen
100 ml Weißwein
250 ml Schlagsahne
300 g Tomaten
50 g ganze, geschälte Mandeln
½ Bund Schnittlauch
500 g Maccheroni
40 g frisch gehobelter Parmesan

1. Morcheln in 300 ml lauwarmem Wasser 20 Minuten einweichen. Dann gut ausdrücken. Das Einweichwasser durch einen Kaffeefilter gießen und 200 ml abmessen. Die Morcheln in kaltem Wasser nochmals gründlich waschen, gut ausdrücken und beiseite stellen.

2. Die Hähnchenbrust quer in 2 cm breite Streifen schneiden. Das Olivenöl erhitzen und das Fleisch bei mittlerer Hitze rundherum leicht anbraten. Die Morcheln und 20 g Butter zugeben und das Fleisch goldbraun braten. Mit Salz und Pfeffer würzen und beiseite stellen.

3. Schalotten und Knoblauch pellen und in feine Würfel schneiden. 20 g Butter in die Pfanne geben, erhitzen und Schalotten und Knoblauch darin andünsten. Mit Weißwein ablöschen, mit Morchelfond und 200 ml Sahne auffüllen und 20 Minuten bei mittlerer Hitze köcheln lassen. Mit Salz und Pfeffer abschmecken.

4. In der Zwischenzeit die Tomaten überbrühen, abschrecken, häuten, vierteln und entkernen. Die Viertel nochmals halbieren. Die Mandeln in einer Pfanne ohne Fett goldbraun rösten. Den Schnittlauch in 5 cm lange Stücke schneiden. Die Maccheroni in reichlich kochendem Salzwasser al dente garen. Die restliche Sahne steif schlagen. Die Maccheroni in einem Sieb gut abtropfen lassen und in eine Schüssel geben. Die restliche Butter unterheben, Mandeln, Tomaten, Schnittlauch und 20 g Parmesan zugeben. Mit Salz und Pfeffer abschmecken und in einer Auflaufform (35x25 cm) verteilen.

5. Fleisch mit Morcheln in die Sahnesauce geben und kurz aufkochen lassen. Die geschlagene Sahne unterheben und alles über die Maccheroni geben. Mit dem restlichen Parmesan bestreuen. Auf der 2. Einschubleiste von unten unter dem heißen Backofengrill 3–4 Minuten goldbraun überbacken.

Dazu passt Tomatensalat.

Zubereitungszeit: 1:10 Stunden
Pro Portion 56 g E, 69 g F, 95 g KH = 1249 kcal (5247 kJ)

Hähnchenbrust im Lorbeer-Speck-Mantel mit Balsamico-Linsen

Für 4 Portionen:

150 g grüne Linsen (aus Umbrien, ersatzweise Puy-Linsen)
400 g fest kochende Kartoffeln
40 g Schalotten
2 Knoblauchzehen
100 g Möhren
100 g Knollensellerie
100 g Porree
5 Zweige glatte Petersilie
9 El Olivenöl
70 ml Weißwein
250 ml Geflügelfond
3 Hähnchenbrüste (à 200 g)
12 dünne Scheiben Pancetta (ersatzweise durchwachsener Speck)
12 frische Lorbeerblätter
Salz, Pfeffer
3 Zweige Thymian
2 Zweige Rosmarin
½ junge Knoblauchknolle
40 g Butter
2–3 El weißer Aceto balsamico

1. Linsen in kaltem Wasser über Nacht einweichen. Die Kartoffeln schälen und in ½ cm große Würfel schneiden. Schalotten und Knoblauch pellen und in feine Würfel schneiden. Möhren und Sellerie schälen, Porree putzen. Alles in 3–4 mm große Würfel schneiden. Petersilienblätter abzupfen (8 Blätter beiseite legen) und fein hacken.

2. Die Linsen abgießen, kalt abspülen und abtropfen lassen. 2 El Olivenöl erhitzen und Schalotten und Knoblauch darin andünsten. Mit Weißwein ablöschen und mit Fond auffüllen. Die Linsen zugeben und bei mittlerer Hitze 20–25 Minuten köcheln lassen.

3. In der Zwischenzeit die Hähnchenbrüste längs halbieren und die Hälften in je 2 gleich große Stücke schneiden. Den Pancetta mit je 1 Stück Hähnchenfleisch und 1 Lorbeerblatt belegen und aufrollen. Mit einem Holzstäbchen zusammenstecken. 3 El Olivenöl erhitzen und das Fleisch bei mittlerer Hitze von allen Seiten leicht anbraten. Mit Salz und Pfeffer würzen. Thymian, Rosmarin, Knoblauch und 20 g Butter zugeben. Zugedeckt 3–4 Minuten bei milder Hitze garen.

4. Restliches Olivenöl erhitzen und die Kartoffeln bei mittlerer Hitze in 5–6 Minuten goldbraun braten. Kartoffeln mit einer Schaumkelle auf Küchenpapier geben und abtropfen lassen. Zu den Linsen Möhren, Sellerie und Porree geben und 5–6 Minuten köcheln lassen. Dann Aceto balsamico, restliche Butter, Kartoffeln und Petersilie zugeben. Mit Salz und Pfeffer abschmecken. Mit den Hähnchenrouladen anrichten und mit den Petersilienblättchen garnieren.

Zubereitungszeit: 45 Minuten
(plus Einweichzeit für die Linsen)
Pro Portion 53 g E, 41 g F, 37 g KH = 738 kcal (3088 kJ)

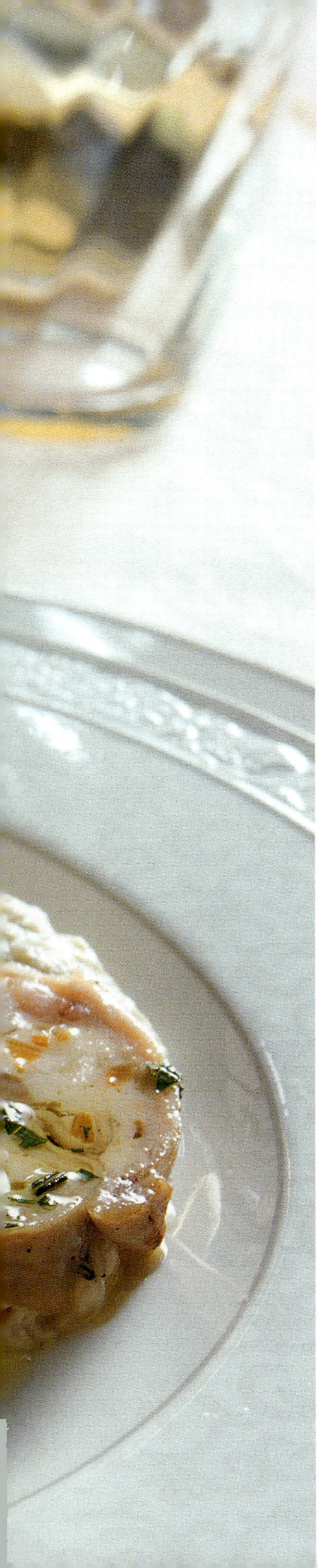

Gefüllter Kaninchenrücken mit Kräuterbutter

Für 4 Portionen:

150 g Hähnchenbrustfilet (ohne Haut)
50 g Möhren
Salz, Pfeffer
80 ml kalte Schlagsahne
1 El Weinbrand
1 ½ El Trüffelöl
2 Kaninchenrücken (mit Leber)
1 kleine Knoblauchknolle
5–6 El Olivenöl
2 Zweige Rosmarin
7 Zweige Thymian
60 g Butter
Saft von ½ Limette

1. Für die Farce die Hähnchenbrust in 1–2 cm große Würfel schneiden und 15–20 Minuten in das Gefriergerät legen.

2. Möhren schälen, in 3–4 mm große Würfel schneiden, blanchieren und abschrecken. In einem Sieb gut abtropfen lassen und trockentupfen.

3. Hähnchenfleisch in einen Küchenmixer geben, salzen und pfeffern. Sahne, Weinbrand und ½ El Trüffelöl zugeben, zu einer glatten Farce mixen. In eine Schüssel geben, Möhrenwürfel unterheben. Kalt stellen.

4. Von den Kaninchenrücken die dünnen Bauchlappen mit den Rückenfilets im Ganzen vom Rückenknochen und den Rippen herunterschneiden, ohne dabei Haut und Fleisch zu durchschneiden. Leber in 1 cm breite Streifen schneiden.

5. 2 Stück Alufolie (à 45x45 cm) mit dem restlichen Trüffelöl bestreichen und mit Salz und Pfeffer bestreuen. Die Kaninchenrücken mit der Hautseite nach unten darauf legen und mit der Farce bestreichen. Leberstreifen längs zwischen den Rückenfilets auf die Farce legen. Von einer Bauchlappenseite her mit Hilfe der Alufolie aufrollen und leicht andrücken. Die Enden der Alufolie wie ein Bonbon fest zudrehen. Mit einer Fleischgabel rundherum Löcher einstechen.

6. Knoblauch längs vierteln. Öl in einer Pfanne erhitzen und die Kaninchenrollen mit Knoblauch, 1 Rosmarinzweig und 4 Thymianzweigen rundum bei mittlerer Hitze 3–4 Minuten braten. Dann im vorgeheizten Backofen auf der 2. Einschubleiste von unten bei 120 Grad (Gas 1, Umluft 100 Grad) 40–45 Minuten garen.

7. Für die Kräuterbutter die restlichen Rosmarinnadeln und Thymianblätter fein hacken. Butter erhitzen, Rosmarin und Thymian zugeben und kurz andünsten. Limettensaft zugeben und mit Salz und Pfeffer würzen.

8. Kaninchenrücken aus der Alufolie wickeln und in Scheiben schneiden. Auberginenpüree (siehe folgendes Rezept) auf 4 Teller verteilen und das Fleisch darauf anrichten. Mit Kräuterbutter beträufelt servieren.

Zubereitungszeit: 1:20 Stunden
Pro Portion 21 g E, 48 g F, 1 g KH = 519 kcal (2181 kJ)

Auberginenpüree

Für 4 Portionen:

1 kg Auberginen (3–4 Stück)
Salz
4 El Olivenöl
250 ml Schlagsahne
30 g Butter
Pfeffer
Muskatnuss

1. Auberginen längs halbieren und in das Fruchtfleisch je 5–6 tiefe Schlitze schneiden. Mit der Schalenseite nach unten auf ein Backblech setzen, salzen und mit dem Olivenöl beträufeln. Im vorgeheizten Backofen auf der 2. Einschubleiste von unten bei 180 Grad (Gas 2–3, Umluft 160 Grad) 45–50 Minuten garen.

2. Die Sahne erhitzen und bei mittlerer Hitze auf die Hälfte einkochen. Butter darin schmelzen. Das Fruchtfleisch der Auberginen mit einem Esslöffel auslösen und zur Sahne geben. Mit dem Schneidstab fein pürieren und mit Salz, Pfeffer und Muskat abschmecken. Zu den Kaninchenrücken servieren.

Zubereitungszeit: 1 Stunde
Pro Portion 3 g E, 40 g F, 6 g KH = 403 kcal (1691 kJ)

Geschmortes Kaninchen mit Balsamico-Schalotten

Für 4 Portionen:

2 Kaninchenrücken (mit Leber und Nieren)
4 Kaninchenkeulen
8 Knoblauchzehen
8 El Olivenöl
Salz, Pfeffer
100 g Pancetta in Scheiben (ersatzweise durchwachsener Speck)
2 Zweige Rosmarin
3 Zweige Thymian
150 ml Weißwein
200 ml Geflügelfond
2 Lorbeerblätter
2 Gewürznelken
½ El weiße Pfefferkörner
200 g Schalotten
3 El Honig
50 g Butter
80–100 ml Aceto balsamico
5 Zweige glatte Petersilie
150 g kleine Strauchtomaten
200 g grüne Oliven (mit Stein)

1. Vom Kaninchenrücken Haut und Sehnen entfernen. Nieren und Leber herausnehmen. Rücken jeweils mit einem schweren Messer quer halbieren. Leber und Nieren putzen. Die Keulen am Gelenk halbieren. Den Knoblauch pellen.

2. Das Olivenöl in einem Bräter erhitzen, Kaninchenrücken und -keulen darin goldbraun anbraten. Mit Salz und Pfeffer würzen. Den Pancetta halbieren und mit dem Knoblauch, 1 Rosmarinzweig und Thymian zum Kaninchen geben und kurz mitbraten. Mit Weißwein ablöschen und mit Fond auffüllen. Lorbeerblätter, Nelken und Pfefferkörner zugeben. Kurz aufkochen lassen und zugedeckt bei mittlerer Hitze 40–45 Minuten schmoren.

3. In der Zwischenzeit die Schalotten pellen und längs halbieren. Honig mit 10 g Butter erhitzen und die Schalotten darin 1–2 Minuten bei mittlerer Hitze andünsten. Leicht salzen und mit Aceto balsamico ablöschen. 10–15 Minuten bei milder Hitze leise kochen lassen.

4. Petersilienblätter abzupfen und grob hacken. Die Strauchtomaten halbieren. Die restliche Butter erhitzen und bei mittlerer Hitze Leber und Nieren darin von beiden Seiten 2–3 Minuten sanft braten. Restlichen Rosmarin zugeben. Mit Salz und Pfeffer würzen und abgedeckt beiseite stellen. Balsamico-Schalotten, Oliven, halbierte Strauchtomaten und die Petersilie zum Kaninchen geben. Kurz aufkochen und auf einer Platte mit der Leber und den Nieren anrichten.

Zubereitungszeit: 1:10 Stunden
Pro Portion 40 g E, 77 g F, 19 g KH = 964 kcal (4047 kJ)

Johann Lafer hat eine Leidenschaft für alles Süße, und deshalb ist er nicht nur ein Meisterkoch, sondern auch ein Meister-Pâtissier. Da in Italien ohne „dolce“ ein Essen nicht komplett ist, hat er aus dem reichen Schatz italienischer Desserts ein paar ganz einfache, aber auch ein paar ganz raffinierte ausgewählt

Süßes Finale

Tiramisu

Für 8 Portionen:

300 ml sehr starker Espresso
200 g Zucker
5 Eigelb (Kl. M)
80 g Puderzucker
Mark von 1 Vanilleschote
3 El Zitronensaft
200 g Mascarpone
3 Blatt weiße Gelatine
2 El Rum
3 Eiweiß (Kl. M)
Salz
100 ml Schlagsahne
25 Löffelbiskuits
2 El Kakaopulver

1. Den Espresso erwärmen, 150 g Zucker zugeben, darin auflösen und den Espresso ganz auskühlen lassen.

2. Eigelb mit Puderzucker, Vanillemark und Zitronensaft über dem heißen Wasserbad mit den Quirlen des Handrührers schaumig aufschlagen. Vom Wasserbad nehmen, Mascarpone zugeben und vorsichtig unterheben.

3. Die Gelatine in kaltem Wasser einweichen. Den Rum leicht erwärmen, die ausgedrückte Gelatine darin auflösen und vorsichtig unter die Mascarponemasse heben. Etwas abkühlen lassen.

4. Das Eiweiß mit 1 Prise Salz anschlagen, den restlichen Zucker langsam einrieseln lassen und das Eiweiß steif schlagen. Die Sahne ebenfalls steif schlagen. Abwechselnd Eischnee und Sahne mit einem Teigschaber vorsichtig unter die Mascarponemasse heben.

5. Die Hälfte der Löffelbiskuits ganz kurz im ausgekühlten Espresso tränken und eine ovale Form (35 cm lang) damit auslegen. Die Hälfte der Mascarponecreme darauf verteilen. Die restlichen Löffelbiskuits tränken und darauf legen. Die restliche Creme darauf streichen. Mindestens 4 Stunden in den Kühlschrank stellen.

6. Kurz vor dem Servieren aus dem Kühlschrank nehmen und dick mit Kakaopulver bestreuen.

Zubereitungszeit: 45 Minuten (plus Kühlzeiten)
Pro Portion 8 g E, 22 g F, 48 g KH = 435 kcal (1822 kJ)

Cantuccini à la Lafer

Für ca. 50 Stück:

170 g ganze, ungeschälte Mandeln
250 g Mehl
1 Tl Backpulver
200 g Zucker
Mark von 1 Vanilleschote
1 Msp. gemahlener Kardamom
1 Msp. gemahlener Zimt
1 Msp. gemahlener Sternanis
1 Msp. gemahlene Nelken
Salz
1 El Amaretto
25 g weiche Butter
2 Eier (Kl. M)

1. Die Mandeln 1 Minute in kochendes Wasser geben, in ein Sieb schütten, auf ein Küchentuch geben und aus den Häuten drücken.

2. Mehl, Backpulver, Zucker, Vanillemark, Kardamom, Zimt, Sternanis, Nelken und 1 Prise Salz in einer Schüssel mischen. Amaretto, Butter und Eier zugeben und mit den Knethaken des Handrührers rasch zu einem glatten Teig verkneten; nicht zu lange kneten, da der Teig sonst zu weich wird. Die Mandeln zugeben und gut unterkneten. Den Teig zu einer Kugel formen und in Klarsichtfolie gewickelt ca. ½ Stunde kalt stellen.

3. Den Teig in 5 Stücke schneiden. Jedes Teigstück zu einer 25 cm langen Rolle formen. Ein Backblech mit Backpapier belegen. Die Teigrollen im Abstand von 8 cm darauf legen. Im vorgeheizten Backofen auf der 2. Einschubleiste von unten bei 190 Grad 15 Minuten vorbacken (Gas 2–3, Umluft 170 Grad). Etwas abkühlen lassen und mit einem Sägemesser schräg in etwa 1 cm dicke Stücke schneiden.

4. Kekse mit einer Schnittfläche auf das Backblech legen und noch einmal bei 180 Grad 8–10 Minuten goldbraun backen (Gas 2, Umluft 160 Grad). Die Kekse auskühlen lassen und in einer geschlossenen Blechdose aufbewahren.

Zubereitungszeit: 50 Minuten (plus Kühlzeit)
Pro Stück 1 g E, 2 g F, 8 g KH = 60 kcal (250 kJ)

Gebranntes Limettenparfait mit Amarenakirschen

Für 4 Portionen:

1 Limette
2 Eigelb (Kl. M)
50 g Zucker
3 El Limettensirup
1 kleines Glas Amarenakirschen (130 g Abtropfgewicht)
250 ml Schlagsahne
100 ml Rotwein
Mark von 1 Vanilleschote
1 Zimtstange
1 El Honig
1 Tl Speisestärke
40 g brauner Zucker
Obst der Saison für die Garnitur

1. Von der Limette die Schale abreiben und den Saft auspressen. Eigelb mit Zucker, Limettenschale und -saft in einem Schlagkessel über kochendem Wasserbad in 4–5 Minuten cremig-dicklich aufschlagen. Die Masse mit den Quirlen des Handrührers auf mittlerer Stufe kaltrühren und dabei den Limettensirup zugeben.

2. Die Amarenakirschen in einem Sieb abtropfen lassen und den Saft (ca. 80 ml) dabei auffangen. Die Sahne steif schlagen und mit einem Gummispatel vorsichtig unter die kalte Limettenmasse heben. Dann ⅔ der Kirschen unterheben.

3. Eine kleine Platte mit Klarsichtfolie abdecken und 4 Stahlringe (8 cm Ø, 3,5 cm hoch) darauf setzen. Die Limettenmasse randhoch in die Ringe füllen. Im Gefriergerät mindestens 4 Stunden gefrieren lassen.

4. In der Zwischenzeit den Amarenasaft mit Rotwein, Vanillemark, Zimt und Honig bei mittlerer Hitze 10 Minuten köcheln lassen. Die Zimtstange entfernen und den Saft mit der in wenig kaltem Wasser angerührten Speisestärke leicht binden. Noch einmal aufkochen, von der Kochstelle nehmen und die restlichen Kirschen zugeben. Kalt stellen.

5. Die Parfaits aus dem Gefriergerät nehmen und umgedreht auf eine feuerfeste Platte setzen. Gleichmäßig mit dem braunen Zucker bestreuen. Mit einem Bunsenbrenner den Zucker leicht karamellisieren. Die Parfaits aus den Formen lösen und mit Amarenakirschkompott und Obst sofort servieren.

Zubereitungszeit: 45 Minuten (plus Gefrierzeit)
Pro Portion 2 g E, 25 g F, 69 g KH = 483 kcal (2029 kJ)

„Süße Pizza“ mit Schokosauce und Eierlikör-Zabaione

Für 4 Portionen:

Pizza
280 g Mehl
Salz
2 Msp. gemahlener Zimt
20 g Zucker
25 g frische Hefe
5 El Walnussöl
Mehl zum Bearbeiten
100 g Kandiszucker (grob zerstoßen)

Schokoladensauce
50 g Bitterschokolade (70 % Kakao)
125 ml Schlagsahne
20 g Zucker

Eierlikör-Zabaione
150 ml Milch
50 g Zucker
6 Eigelb (Kl. M)
80 ml Eierlikör

1. Das Mehl mit 1 Prise Salz und Zimt mischen. Den Zucker mit der Hefe in 130 ml lauwarmem Wasser auflösen und zum Mehl geben. 2 El Walnussöl zugeben und alles in einer Küchenmaschine mit Knethaken zu einem glatten, geschmeidigen Teig kneten. Den Teig halbieren und zu 2 Kugeln formen. Auf ein bemehltes Blech legen, mit Klarsichtfolie abdecken und an einem warmen Ort 30 Minuten gehen lassen.

2. Die Teigkugeln auf einer leicht bemehlten Arbeitsplatte auf 30 cm Ø ausrollen. Pizzaform (30 cm Ø) mit 1 El Walnussöl dünn auspinseln, 1 Teigplatte in die Form legen, am Rand leicht andrücken und mit 1 El Walnussöl bepinseln. Den Kandiszucker gleichmäßig darauf verteilen. Die zweite Teigplatte auf den Kandiszucker legen und leicht andrücken. Mit dem restlichen Walnussöl bepinseln und im vorgeheizten Backofen auf der 1. Einschubleiste von unten bei 190 Grad (Gas 2–3, Umluft 180 Grad) 20–25 Minuten backen.

3. In der Zwischenzeit für die Schokoladensauce die Schokolade fein hacken. Sahne mit dem Zucker kurz aufkochen. Die Schokolade zugeben und darin unter Rühren auflösen. Warm stellen.

4. Für die Zabaione Milch mit Zucker und Eigelb über dem heißen Wasserbad in 8–10 Minuten cremig-dicklich aufschlagen. Von der Kochstelle nehmen, weiterschlagen und den Eierlikör zugeben. Warm stellen.

5. Die Pizza aus dem Ofen nehmen, achteln und mit Schokoladensauce und Zabaione servieren.

Zubereitungszeit: 1:30 Stunden
Pro Portion 15 g E, 39 g F, 111 g KH = 887 kcal (3724 kJ)

Cassata siciliana

Für 12–14 Stücke:

Biskuit
6 Eier (Kl. L)
200 g Zucker
200 g Mehl
weiche Butter und Mehl für die Form
9 El Maraschino (italienischer Kirschlikör)

Füllung
800 g Ricotta
275 g Zucker
Mark von ½ Vanilleschote
250 g kandierte Früchte
100 g Zartbitter-Kuvertüre

Dekoration
Mark von ½ Vanilleschote
50 g Zucker
500 ml kalte Schlagsahne
50 g Pistazienkerne
150 g kandierte Früchte

1. Für den Biskuit die Eier und den Zucker in einen Schlagkessel geben. Mit den Quirlen des Handrührers auf mittlerer Stufe verrühren. Über dem heißen Wasserbad auf der höchsten Stufe in 8–10 Minuten cremig-dicklich aufschlagen. Den Kessel vom Wasserbad nehmen und 8–10 Minuten weiterschlagen, bis die Masse kalt ist.

2. Das Mehl nach und nach auf die Masse sieben und mit einem Gummispatel vorsichtig unterheben. Die Masse in eine nur am Boden mit Butter gefettete und leicht bemehlte Springform (26 cm Ø) füllen. Im vorgeheizten Backofen auf der 2. Einschubleiste von unten bei 170 Grad (Gas 1–2, Umluft 150 Grad) 35–40 Minuten backen. Dann in der Form auf einem Gitter vollständig auskühlen lassen.

3. Für die Füllung den Ricotta in ein feines Sieb geben und 4 Stunden abtropfen lassen. Den Zucker mit 200 ml Wasser und dem Vanillemark 10 Minuten kochen. Dann 30 Minuten abkühlen lassen. Zuckersirup noch warm unter den Ricotta rühren. Die kandierten Früchte fein würfeln, die Kuvertüre fein hacken und beides unter die Ricottamasse heben.

4. Den Biskuit aus der Form lösen und zweimal waagerecht durchschneiden. Den unteren Boden auf eine Tortenplatte setzen und mit 3 El Maraschino beträufeln. Die Hälfte der Ricottamasse darauf streichen. Den mittleren Boden darauf legen, mit 3 El Maraschino beträufeln und die restliche Masse darauf streichen. Den oberen Boden darauf legen und mit dem restlichen Maraschino beträufeln, etwas andrücken. Die Torte 4 Stunden kalt stellen.

5. Für die Dekoration Vanillemark mit Zucker und Sahne steif schlagen. Die Torte mit der Sahne gleichmäßig bestreichen. Die Pistazienkerne grob hacken und den Rand der Torte damit bestreuen. Die Torte mit den kandierten Früchten belegen.

Zubereitungszeit: 2 Stunden (plus Kühl- und Abtropfzeiten)
Pro Stück (bei 14 Stücken) 11 g E, 29 g F, 69 g KH = 581 kcal (2442 kJ)

Marzipan-Mandel-Auflauf mit Orangen-Feigen-Kompott

Für 4 Portionen:

Auflauf

- 4 Eier (Kl. M)
- 50 g gehackte Mandeln
- 70 g Marzipanrohmasse
- 150 ml Milch
- 50 g Zucker
- Mark von 1 Vanilleschote
- 20 g gesiebtes Mehl
- ½ Tl Backpulver
- 70 g Amarettini
- Salz
- 10 g weiche Butter zum Bestreichen
- 20 g Mandelblättchen

Kompott

- 80 g Zucker
- 40 g Honig
- 150 ml Weißwein
- 150 ml frisch gepresster Orangensaft
- 3 Gewürznelken
- 1 Zimtstange
- Schale von ½ Orange (unbehandelt)
- Schale von 1 Zitrone
- Mark von 1 Vanilleschote
- 4 frische Feigen
- 2 Orangen
- ½ Tl Speisestärke
- Puderzucker zum Bestreuen

1. Für den Auflauf die Eier trennen und das Eiweiß kalt stellen. Die gehackten Mandeln in einer Pfanne ohne Fett goldbraun rösten. Marzipanrohmasse in ½ cm große Würfel schneiden. 75 ml Milch mit 30 g Zucker und dem Vanillemark aufkochen und von der Kochstelle nehmen. Das Mehl in die restliche kalte Milch geben und mit einem Schneebesen glatt rühren. Die heiße Milch zugeben und unter ständigem Rühren bei mittlerer Hitze 3 Minuten kochen lassen. In einer Schüssel zügig mit dem Eigelb verrühren und abkühlen lassen. Das Backpulver zur Masse geben und gut verrühren.

2. Mandeln, Marzipan und Amarettini zugeben und mit einem Gummispatel vorsichtig unterheben. Das Eiweiß mit 1 Prise Salz kurz anschlagen, den restlichen Zucker langsam einrieseln lassen und das Eiweiß steif schlagen. Vorsichtig mit einem Gummispatel unter die Mandelmasse heben.
Eine Auflaufform (30 cm lang) dünn mit Butter auspinseln und die Mandelblättchen darauf streuen. Die Masse locker einfüllen und im vorgeheizten Backofen auf der 2. Einschubleiste von unten bei 180 Grad (Gas 2–3, Umluft 160 Grad) 40 Minuten backen.

3. Für das Kompott den Zucker schmelzen, Honig zugeben und mit Weißwein ablöschen. Den Orangensaft mit Nelken, Zimtstange, Orangen- und Zitronenschale und Vanillemark zugeben. Bei mittlerer Hitze auf die Hälfte einkochen lassen.

4. In der Zwischenzeit die Feigen schälen, große Feigen vierteln. Von den Orangen die Schale bis auf das Fruchtfleisch abschneiden und die Orangenfilets zwischen den Trennhäuten herausschneiden. Die Gewürze aus dem reduzierten Orangen-Gewürz-Sud entfernen. Die Speisestärke mit etwas kaltem Wasser verrühren und den Orangen-Gewürz-Sud damit leicht binden. Die Feigen und Orangenfilets zugeben und beiseite stellen. Den Auflauf aus dem Ofen nehmen und mit Puderzucker bestreuen. Mit dem warmen Kompott sofort servieren.

Zubereitungszeit: 1:50 Stunden
Pro Portion 14 g E, 25 g F, 86 g KH = 656 kcal (2756 kJ)

Mandel-Tiramisu

Für 8 Portionen:

Löffelbiskuits mit Anis

3 Eier (Kl. M, getrennt)
65 g Puderzucker
40 g Zucker
Mark von ½ Vanilleschote
Schale von ½ Zitrone
Schale von ½ Orange (unbehandelt)
75 g Mehl (gesiebt)
1 El Anissamen

Schokoladensauce

150 ml Milch
40 g Zucker
100 g Zartbitter-Kuvertüre (grob gehackt)
2 El Amaretto

Mandelcreme

100 g Mandelblättchen
150 ml Milch
2 Blatt weiße Gelatine
2 Eigelb (Kl. M)
50 g Zucker
1 Eiweiß (Kl. M)
Salz
150 g Schlagsahne
Puderzucker zum Bestreuen
4 El Schokoröllchen
1 Zweig Minze

1. Für die Löffelbiskuits Eigelb in eine Schüssel geben und mit den Quirlen des Handrührers schaumig schlagen. 40 g Puderzucker einrieseln lassen und weiterschlagen, bis eine cremig-schaumige Masse entsteht.

2. Eiweiß in eine Schüssel geben und halb steif schlagen. Den Zucker langsam einrieseln lassen und weiterschlagen, bis das Eiweiß ganz steif ist.

3. Vanillemark, Zitronen- und Orangenschale in die Eigelbmasse geben. Abwechselnd Mehl und Eischnee mit einem Teigschaber locker unterheben.

4. Die Masse in einen Spritzbeutel mit Lochtülle Nr. 12 füllen und 15–16 Löffelbiskuits von 10 cm Länge auf ein mit Backpapier belegtes Backblech spritzen. Die Löffelbiskuits mit dem Anis bestreuen. Den restlichen Puderzucker über die Löffelbiskuits streuen und im vorgeheizten Backofen auf der 2. Einschubleiste von unten bei 180 Grad 12–15 Minuten backen (Gas 2–3, Umluft 160 Grad).

5. Für die Schokoladensauce die Milch erwärmen, den Zucker und die Kuvertüre zugeben und darin auflösen. Den Amaretto zugeben und die Sauce abkühlen lassen.

6. Für die Mandelcreme die Mandeln in einer Pfanne ohne Fett goldbraun rösten. Die Hälfte der Mandeln mit der Milch aufkochen, von der Kochstelle nehmen und 2 Stunden ziehen lassen. Die Gelatine in kaltem Wasser einweichen.

7. Die Mandelmilch durch ein Sieb in einen Schlagkessel gießen. Eigelb und 40 g Zucker zugeben und über einem heißen Wasserbad cremig-dicklich aufschlagen. Gelatine gut ausdrücken und in der warmen Mandelmasse unter Rühren auflösen. Die Masse 20–25 Minuten kalt stellen, bis sie leicht zu gelieren beginnt.

8. Das Eiweiß mit dem restlichen Zucker und 1 Prise Salz steif schlagen. Die Sahne steif schlagen. Zuerst die Sahne, dann den Eischnee mit einem Teigschaber vorsichtig unter die gelierende Mandelmasse heben. 40 g Mandeln vorsichtig unterheben.

9. Die Hälfte der Löffelbiskuits mit der Zuckerseite nach oben in eine Glasform (18x25 cm) legen und mit der Hälfte der Schokoladensauce beträufeln. Die Hälfte der Mandelcreme darauf streichen. Die restlichen Biskuits darauf verteilen, mit der restlichen Schokoladensauce beträufeln und der restlichen Creme bedecken. Mindestens 3 Stunden abgedeckt in den Kühlschrank stellen.

10. Mit restlichen Mandeln, Schokoröllchen und Puderzucker bestreuen. In 8 gleich große Stücke schneiden und mit Minzeblättern garnieren. Mit den Marsala-Feigen (siehe folgendes Rezept) servieren.

Zubereitungszeit: 2 Stunden (plus Kühlzeiten)
Pro Portion 10 g E, 26 g F, 42 g KH = 440 kcal (1846 kJ)

Marsala-Feigen

Für 4 Portionen:

300 g getrocknete Feigen
300 ml Marsala (italienischer Dessertwein)
80 g Zucker
80 g Honig
abgeriebene Schale von ½ Orange (unbehandelt)
abgeriebene Schale von ½ Zitrone
150 ml Orangensaft
60 ml Zitronensaft
1 Zimtstange
½ El Speisestärke

1. Die Feigen halbieren und am besten schon am Vortag im Marsala einlegen. Feigen in ein Sieb geben und Marsala auffangen (150–200 ml).

2. Zucker hellbraun karamellisieren lassen, den Honig zugeben und mit dem Marsala ablöschen. Orangen- und Zitronenschale, Orangen- und Zitronensaft und Zimtstange zugeben. Bei mittlerer Hitze auf die Hälfte einkochen. Speisestärke mit 4 El kaltem Wasser verrühren und den Fond damit leicht binden. Die eingelegten Feigen in den Fond geben, beiseite stellen und ziehen lassen.

Zubereitungszeit: 25 Minuten (plus Marinierzeit)
Pro Portion 3 g E, 0 g F, 85 g KH = 433 kcal (1817 kJ)

Charlotte mit weißer Mokkamousse

Für 6 Portionen:

Löffelbiskuits
3 Eier (Kl. M, getrennt)
65 g Puderzucker
40 g Zucker
1 Orange
Mark von ½ Vanilleschote
Schale von ½ Zitrone
75 g Mehl

Mokkamousse
150 ml Milch
50 g Mokkabohnen
3 Blatt weiße Gelatine
2 Eigelb (Kl. M)
60 g Zucker
2 El Kaffeelikör
1 Eiweiß (Kl. M)
Salz
150 ml Schlagsahne

Garnitur
200 g Schlagsahne
2 El Schokoröllchen
10 g Puderzucker

1. Eigelb in eine Schüssel geben und mit den Quirlen des Handrührers schaumig schlagen. 40 g Puderzucker einrieseln lassen und weiterschlagen, bis eine cremig-schaumige Masse entsteht.

2. Eiweiß in eine Schüssel geben und halb steif schlagen. Den Zucker langsam einrieseln lassen und weiterschlagen, bis das Eiweiß ganz steif ist.

3. Die Hälfte der Orangenschale abreiben. Vanillemark, Zitronen- und Orangenschale zur Eigelbmasse geben und abwechselnd das gesiebte Mehl und den Eischnee mit einem Teigschaber locker unterheben.

4. Die Masse in einen Spritzbeutel mit Lochtülle Nr. 12 füllen und 15 Löffelbiskuits von 10 cm Länge auf ein mit Backpapier belegtes Backblech spritzen. Die Löffelbiskuits mit dem restlichen Puderzucker bestreuen. Im vorgeheizten Backofen auf der 2. Einschubleiste von unten bei 180 Grad 12–15 Minuten backen (Gas 2–3, Umluft 160 Grad).

5. Die Orange bis auf das Fruchtfleisch schälen und die Filets zwischen den Trennhäuten herausschneiden. Beiseite stellen.

6. Für die Mousse die Milch mit den Mokkabohnen aufkochen und 30 Minuten ziehen lassen. Dann die Mokkamilch durch ein Sieb in einen Schlagkessel gießen.

7. Die Gelatine in kaltem Wasser einweichen. Eigelb mit 40 g Zucker und der Mokkamilch über einem heißen Wasserbad cremig-dicklich aufschlagen. Gelatine gut ausdrücken und in der warmen Mokkamasse unter Rühren auflösen. Den Kaffeelikör zugeben und die Masse 20–25 Minuten kalt stellen, bis sie leicht zu gelieren beginnt.

8. Eiweiß mit dem restlichen Zucker und 1 Prise Salz steif schlagen. Sahne steif schlagen. Abwechselnd Eischnee und Sahne mit einem Teigschaber vorsichtig unter die gelierende Mokkamasse heben.

9. Den Boden einer Springform (18 cm Ø) mit 2–3 Löffelbiskuits (Zuckerseite nach oben) auslegen. ⅓ der Mokkamousse in die Form füllen. Die restlichen Löffelbiskuits (Zuckerseite nach außen) an den Rand der Springform stellen (evtl. begradigen) und die restliche Mousse hineingeben. 2 Stunden abgedeckt in den Kühlschrank stellen.

10. Den Springformrand vorsichtig abnehmen und die Charlotte auf einen großen Teller setzen.

11. Die Sahne steif schlagen und in einen Spritzbeutel mit Sterntülle Nr. 12 füllen. Auf die Charlotte spritzen und die Orangenfilets darauf legen. Mit Schokoröllchen und Puderzucker bestreuen.

Zubereitungszeit:
1:20 Stunden (plus Kühlzeiten)
Pro Portion 8 g E, 22 g F, 48 g KH = 410 kcal (1724 kJ)

Hippenschalen

Für 16 Stück:

100 g Mehl
100 g Puderzucker
100 g weiche Butter
100 g Eiweiß

1. Mehl und Puderzucker in eine Schüssel sieben. Butter und Eiweiß zugeben und alles mit den Quirlen des Handrührers schnell zu einem glatten Teig verrühren; die Masse darf nicht schaumig gerührt werden. Mit Klarsichtfolie abdecken und 1 Stunde in den Kühlschrank stellen.

2. In der Zwischenzeit aus 1–2 mm starkem Karton einen Ring von 12 cm Ø ausschneiden und auf ein mit Backpapier belegtes Backblech legen. Mit einer kleinen Palette die Hippenmasse gleichmäßig dünn in den Ring streichen. Überstehende Masse mit der Palette abstreifen und den Ring abheben. Pro Blech auf diese Weise 3–4 Kreise herstellen.

3. Im vorgeheizten Ofen auf der 2. Einschubleiste von unten bei 190 Grad backen (Gas 2–3, Umluft nicht empfehlenswert). Der Teig ist fertig, wenn er am Rand anfängt braun zu werden.

4. Jetzt muss es schnell gehen: Am besten das Backblech nur zur Hälfte aus dem Ofen ziehen. Die Teigplatten mit der Palette vom Blech heben und über die Öffnung einer Kaffeetasse legen. Mit einem Schnapsglas den Teig vorsichtig in die Tasse drücken, so dass ein Körbchen entsteht. In etwa ½ Minute ist das Körbchen fest. Herausnehmen und weiter so verfahren, bis die Masse verarbeitet ist.

Zubereitungszeit: 40 Minuten (plus Kühlzeit)
Pro Stück 2 g E, 5 g F, 11 g KH = 94 kcal (394 kJ)

Karamelleis

Für 8 Portionen:

160 g Zucker
200 ml Milch
300 ml Schlagsahne
6 Eigelb (Kl. M)

Vanillesauce

1 Vanilleschote
¼ l Milch
¼ l Schlagsahne
6 Eigelb (Kl. M)
80 g Puderzucker

Schokoladensauce

125 ml Schlagsahne
20 g Zucker
30 g Bitterschokolade (70 % Kakao)

1. Den Zucker in einem Topf hellbraun karamellisieren und mit Milch und Sahne auffüllen. Bei mittlerer Hitze so lange kochen, bis sich der Zucker gelöst hat.

2. Eigelb in einen Schlagkessel geben. Die heiße Karamellmilch unter ständigem Rühren mit dem Schneebesen langsam zum Eigelb geben. Dann zurück in den Topf gießen und bei mittlerer Hitze (nicht mehr kochen!) cremig-dicklich rühren. Durch ein feines Sieb in eine Schale passieren und abkühlen lassen. Die Masse in eine Eismaschine füllen und 30–35 Minuten cremig gefrieren lassen.

3. Für die Vanillesauce die Vanilleschote längs aufschlitzen, das Mark herauskratzen und beides mit der Milch und Sahne aufkochen. Dann die Vanilleschote entfernen. Eigelb mit dem Puderzucker cremig aufschlagen, die heiße Milch langsam unter Rühren zugießen.

4. Die Masse in einen Topf geben und so lange unter ständigem Rühren erhitzen (nicht kochen!), bis die Masse cremig-dicklich ist. Die Sauce durch ein Sieb in einen Topf gießen und beiseite stellen.

5. Für die Schokoladensauce die Sahne mit dem Zucker kurz aufkochen. Die Schokolade grob hacken, zugeben und auflösen. Warm stellen.

6. Das Eis in den Hippenschalen (oder in Eisbechern) mit Vanille- und Schokoladensauce servieren.

Zubereitungszeit: 1:10 Stunden (plus Gefrierzeit)
Pro Portion 7 g E, 40 g F, 37 g KH = 494 kcal (2074 kJ)

Himbeer-Granita

Für 6 Portionen:

80 g Zucker
500 g Himbeeren
150 ml Weißwein
1 Zweig Minze

1. 250 ml Wasser erwärmen und den Zucker darin auflösen. Abkühlen lassen. In der Zwischenzeit die Himbeeren putzen und 24 Stück beiseite stellen.

2. Die restlichen Himbeeren mit dem Schneidstab pürieren und durch ein feines Sieb streichen. 6 El Himbeerpüree beiseite stellen.

3. Das restliche Himbeerpüree mit dem Zuckerwasser und Weißwein verrühren. In einer Schale für 4–5 Stunden ins Gefriergerät stellen. Wenn die Flüssigkeit am Rand zu gefrieren beginnt, mit einem Esslöffel gut durchrühren. Während der Gefrierzeit dieses 5–6-mal wiederholen (je öfter Sie rühren, desto feiner wird die Granita).

4. Je 1 El Himbeersauce auf 6 vorgekühlte Gläser verteilen. Die Granita mit einem Esslöffel abschaben und in die Gläser füllen. Mit abgezupften Minzeblättern und den restlichen Himbeeren garniert sofort servieren.

Zubereitungszeit: 35 Minuten (plus Kühlzeit)
Pro Portion 1 g E, 0 g F, 18 g KH = 94 kcal (393 kJ)

Vino

Italien zählt 2000 Rebsorten! Da spielen natürlich auch internationale Größen wie Cabernet und Merlot, Chardonnay und Sauvignon eine Rolle, aber Vorrang haben die einheimischen. Hier eine kleine Auswahl der wichtigsten:

Sangiovese ist die meistangebaute Rotweinrebe Italiens. Sie steht für harmonische Weine, die aber durchaus über Säure verfügen wie Chianti, Vino Nobile di Montepulciano, Brunello di Montalcino und Morellino.

Trebbiano heißt das weiße, leichte und frische Gegenstück dazu. Die Trauben werden reinsortig verarbeitet, sind aber auch in Frascati- und Soave-Weinen enthalten.

Nebbiolo wächst hauptsächlich im Piemont und ergibt den edlen, intensiven und langlebigen Barolo und Barbaresco.

Barbera und **Dolcetto** dagegen sind eher für populäre, rustikale Rotweine zuständig.

Malvasia ist ein Begriff, der für unterschiedliche Arten einer Rebe steht. Die Trauben werden zu charaktervollen, alkoholstarken, oft süßen Weinen verarbeitet.

Greco di Tufo wächst in Süditalien und ergibt würzige, körperreiche Weißweine.

Vermentino (weiß) ist auf Sardinien und Korsika, in Ligurien und der Toskana zu Hause. Er schmeckt mineralisch, frisch.

Vernaccia (weiß), seine aromatischste Form heißt: Vernaccia di San Gimignano.

Aglianico der Star unter den Sorten Süditaliens ergibt kräftige, runde Rotweine.

Canaiolo ist die traditionell zweite Sorte, die in den Chianti gehört (nach Sangiovese). Ihre Weine sind kräftig, rustikal.

Lambrusco (rot) wird meist zu perlenden, fruchtigen Weinen verarbeitet, die leider manchmal zu süß sind.

1
2
3
4
5
COOPERATIVA PRODUTTORI
Ingredienti: Latte vaccino intero, Caglio, Sale.
LATTE e FONTINA

Formaggio

Von mild bis pikant – die italienische Käsewelt ist bunt und vielfältig. Eine kleine Auswahl der bekanntesten Sorten, die es an deutschen Käsetheken gibt:

1 Parmesan Der wohl berühmteste Käse Italiens aus der Emilia-Romagna. Junger Parmesan ist weniger als 18 Monate gereift, mittelalter ist 18 bis 24 Monate alt und sehr alter 24 bis 36 Monate.

2 Fontina Milder und würziger Schnittkäse aus dem Aostatal, der drei bis fünf Monate in dunklen Fels- und Kalksteinkellern reift.

3 Ricotta Kein – wie häufig angenommen – Quark, sondern ein Käse aus der Molke. Er wird aus Kuh- oder Schafsmilch hergestellt und schmeckt je nach Reifegrad mild oder pikant.

4 Gorgonzola Vollfetter Kuhmilchkäse aus der Lombardei und dem Piemont, der, mit Edelschimmelsporen versetzt, drei bis vier Monate reift.

5 Pecorino Schafskäse, ursprünglich aus Sardinien wird er heute in vielen Teilen Italiens hergestellt. Jung ist er mild und weich, dann wird er fest und pikant und kann wie Parmesan verwendet werden.

6 Trüffel-Pecorino Unter die Käsemasse dieses frischen Schafskäses werden gemahlene schwarze und weiße Trüffel gemischt.

7 Mozzarella Frischkäse aus Kampanien und Apulien, wegen der großen Nachfrage immer seltener aus Büffelmilch, immer häufiger aus Kuhmilch hergestellt.

8 Scamorza Weißer, dem Mozzarella ähnlicher Kuhmilchfrischkäse aus den Abruzzen. Und wie den Mozzarella gibt es ihn frisch und geräuchert.

1
2
3
4
13
12
11
DAL · SINCE · 1916 · SEIT · DEPUIS
SAN GIULIANO
ALGHERO
TOSCANO
PASTIFICIO
RISCOSSA
FARINA
BARBERA

Alimentari

Ohne die typischen italienischen Lebensmittel gibt es keine gute italienische Küche. Wie gut, dass man sie auch bei uns fast überall kaufen kann

1 Olivenöl Dreh- und Angelpunkt der italienischen Küche, wird außer im Piemont und in der Lombardei im ganzen Land produziert. Das beste: olio d'oliva extra vergine.

2 Mehl „Farina Type 00" ist ein ganz besonders feines Weizenmehl für Pasta.

3 Aceto balsamico Essig aus Traubenmost und altem Weinessig, in unterschiedlichsten Qualitäten und Preisen auf dem Markt. Der beste und teuerste: Aceto balsamico tradizionale di Modena oder di Reggio Emilia.

4 Steinpilze Der italienische Lieblingspilz schlechthin. Getrocknet eine feine Würze für viele Gerichte.

5 Maismehl oder Maisgrieß: Ausgangspunkt für die Polenta.

6 Peperoncini Frisch oder in Öl eingelegt: Die Schoten würzen alles, was scharf sein soll.

7 Tomaten Geschält aus der Dose aromatische Basis für Suppen und Saucen.

8 Getrocknete Tomaten In Öl eingelegt oder nicht, verleihen sie vielen Gerichten eine konzentrierte tomatige Würze.

9 Sardellen Zwingende Zutat für die Sauce vom vitello tonnato oder kleiner Imbiss zu geröstetem Brot.

10 Kapern in Salz Würzen Salate, Pasta-, Fisch- und Gemüsegerichte.

11 Wildschweinsalami Spezialität aus der Toskana, von kräftigem Geschmack.

12 Pancetta Toskanischer Bauchspeck, schmeckt intensiver als der deutsche durchwachsene Speck.

13 Südtiroler Speck Aus in Meersalz und Gewürzen gebeizten und geräucherten Schweinekeulen, mit oder ohne Gewürzkruste, ein Muss auf jeder Vesperplatte.

S.PELLE
La Torradoro

Caffè und so

Ein italienisches Essen ohne Espresso – undenkbar. Und auch darüber hinaus gibt es noch ein paar schöne Sachen, die den Schluss eines Menüs perfekt machen.

Espresso In seiner Heimat heißt er einfach Caffè, mit der Betonung auf der letzten Silbe. Er sollte aus der Kaffeesorte Arabica gemacht sein und auf seiner Oberfläche zarten Schaum zeigen, die Crema. Beim Bestellen unterscheidet man den **Caffè stretto** (wenig Wasser auf viel Kaffeepulver), den **Caffè lungo** (wesentlich mehr Wasser), den **Caffè corretto** (ein Espresso mit einem Schuss Schnaps) und den **Caffè macchiato** (mit einem winzigen Spritzer Milch).

Cappuccino Trinken Italiener nur am Vormittag, was Sie aber nicht weiter beunruhigen muss. Es handelt sich jedenfalls um einen Espresso mit reichlich aufgeschäumter Milch. Ähnlich, allerdings mit noch mehr Milch, ist der **Caffè latte**. Und umgekehrt, sehr viel heiße Milch mit ganz wenig Caffè, ist dann **Latte macchiato**, das international erfolgreichste Getränk der letzten Jahre.

Acqua minerale Kein Essen und kein Kaffee hinterher ohne Mineralwasser. Zu unterscheiden sind **Acqua con gas** (sprudelnd) und **senza gas** (stilles Wasser).

Digestivo Wörtlich heißt das so viel wie Verdauungshelfer, und da ist die Vielfalt nahezu unbegrenzt: Es gibt den **Sambuca** (dazu kaut man ganze Kaffeebohnen), eine Unzahl von Kräuterschnäpsen (von ziemlich süß bis extra bitter – sie heißen trotzdem alle **amaro**, bitter), eine Menge Liköre und schließlich als Krönung gewissermaßen, **Grappa**, den gefürchteten oder auch verehrten Tresterbrand – je nachdem, ob man einen rauen Bauernschnaps erwischt oder einen sanften runden Schnaps vom Könner.

A

B

C

F

Gebratene Steinpilze Seite 22/23

G

H

K

L

M

Grüne Tagliatelle mit Lachswürfeln und Zitronen-Kapern-Sauce Seite 76/77

Wolfsbarsch mit Kartoffeln und Artischocken Seite 86/87

Tiramisu
Seite 128/129